KB077401

한 줄 정리의 힘

SUBETE NO CHISHIKI WO 20JI NI MATOMERU KAMI 1MAI! DOKUGAKUHO

Copyright © 2018 by Suguru Asada

All rights reserved.

Original Japanese edition published by SB Creative Corp.

Korean translation rights © 2019 by SENSIO

Korean translation rights arranged with SB Creative Corp., Tokyo

through EntersKorea Co., Ltd. Seoul, Korea

이 책의 한국어판 저작권은 ㈜엔터스코리아를 통해 저작권자와 독점 계약한 ㈜센시오에 있습니다.

저작권법에 의하여 한국 내에서 보호를 받는 저작물이므로 무단전재와 무단복제를 금합니다.

배운 것을 제대로 써먹게   해주는 한 줄 정리의 힘

One Line

한 줄

정리의 힘

모든 지식을 한 줄로 압축하고, 설명하는 기술

아사다 스구루 지음 황혜숙 옮김

센시오

지금 당신은 배운 것을 제대로 써먹고 있는가?

똑같은 책을 읽고 두 사람이 다음과 같은 반응을 보였다.

A 이 책을 읽고 일의 본질을 파악할 수 있어서 좋았어요. 꼭 한번 읽어 보기 바

랍니다.

B 이 책이 말하는 시간 관리의 본질은 한 마디로 '시간을 어떻게 확보할 것인가?'

입니다. 지식 노동자에게는 '업무 관리=시간 관리'라고 할 정도로 시간 관리가

중요하다는 사실을 이 책을 읽고 깨달았어요.

자, 누구의 이야기가 더 끌리는가? 같은 책을 읽어도 이렇게 반응이

다르다. 이는 애초부터 학습 방식에 차이가 있기 때문이다.

| 배운 것을 실생활에 바로 적용할 수 있는 학습법이 따로 있을까?

비즈니스와 관련한 책을 읽거나 세미나에 참가해 본 적이 있는 사람이라면 누구나 한 번쯤 다음과 같은 고민을 해 보았을 것이다.

'이것저것 배우고는 있지만 업무에 제대로 활용하고 있다는 생각이 안 들어…….'

또는 배운 것을 업무에 활용하는 일에는 별 관심이 없이 단순히 독서나 인터넷 동영상, 교재, 강의 등을 통해서 공부하는 것을 좋아하는 데 그치는 사람도 적지 않다. 시대가 자꾸 변해 가는데 이렇게 나태하게 있다가는 도태될지도 모른다는 막연한 불안감 때문에 이 책을 집어 든 사람도 많을 것이다.

왜 우리는 공부를 할까? '업무상 필요하니까', '뭔가를 배우는 것이 좋아서', '변화하는 시대를 살아가기 위해서는 공부하는 습관을 들여야 할 것 같아서' 등등 이유는 저마다 다르다. 그러나 누구나 이 말에는 공감할 것이다.

배운 것을 업무에 활용하고 싶다.

이 책에서는 이 목적을 달성하는 데 필요한 혁신적인 공부법을 소개하고자 한다.

| 공부에 관한 오래된 고정관념들

오랜 시간 무언가를 배우고도 시간이 지나서는 고개를 갸우뚱거리는 사람들이 많다.

"업무에 필요해서 배웠는데, 별로 도움이 되지 않아서 시간만 낭비했다는 생각이 들어."

"공부를 할 때는 아주 즐거웠지만, 결국에는 남는 게 없는 것 같아."

"공부를 해야 한다는 생각에 책을 읽었지만, 아무것도 기억에 남지 않아."

많은 사람들이 이런 경험을 했을 것이다. 답을 찾으려 해도 현실적으로 도움이 되는 책은 많지 않다. 그 이유는 학습에 관한 잘못된 고정관념을 충분히 설명해 주지 않아서 그렇다.

다음을 살펴보자. 학습에 관한 전형적인 고정관념과 그 해결 방안이다.

학습에 관한 고정관념 ① 배운 것은 전부 기억해야 한다.
→ 업무에 활용할 목적이라면 '전부가 아니라 한 줄만' 기억한다.

학습에 관한 고정관념 ② 열심히 공부해서 머릿속에 입력하면 된다.

→ 출력하기 위해서 입력하는 것이 업무에 살릴 수 있는 조건이다.

학습에 관한 고정관념 ③ 공부는 나를 위해서 하는 것이다.
→ 업무에 활용하고 싶다면 '남을 위해서 공부하는 것'이 본질이다.

핵심은 내가 배운 모든 것을 이해하는 데 그치지 않고 실천하고 활용하는 것이다. 당신은 '아는 것'을 얼마나 실천하고 업무에 활용하고 있는가? 알고 있고 이해하고 있지만, 실제로 업무에 활용하고 있다고 말할 자신이 있는가?

이 책은 이러한 당신의 학습 태도를 사고방식부터 송두리째 바꾸려고 한다. 이 책을 통해 '업무에 활용하는 공부법'을 습득하게 될 것이다.

실전에 곧바로 써먹을 수 있는 3가지 공부법

본격적으로 시작하기 전에 이 책의 내용을 간략하게 소개하겠다.

먼저 「Part 1 첫 번째 비법 : INPUT(입력)」이다. 많은 사람들이 무언가를 배우고 머릿속에 입력해도 금세 잊어버리고는 하는데, 이제 그런 고민에 종지부를 찍자. 한 번 입력한 것을 계속 기억하도록 만드는 것, 이것이 Part 1에서 배울 학습법의 목표다.

Part 1의 1장에서는 배운 것을 곧잘 잊어버리는 3가지 원인에 대해서 살펴볼 것이다. 이어지는 2장에서는 문제점을 해결하기 위한 한 장의 프레임워크(framework) 쓰는 방법을 소개한다. 갑자기 '한 장의 프레임워크'라는 키워드가 튀어나왔다. 대단히 중요한 키워드다. 이 책이 당신에게 알려 주고자 하는 학습법은 종이 한 장만 쓰면 앞서 말한 학습에 관한 고정관념과 잘못된 습관을 개선하도록 이끈다. 이것을 잘 실천하기만 해도 다음과 같은 효과를 누릴 수 있다.

· 당신이 배운 것을 한 줄, 단 20자로 정리할 수 있다.
· 배운 것을 단 3가지 포인트로 알기 쉽게 설명할 수 있다.
· 그로 인해 당신은 주위로부터 호평을 받을 것이다.

업무에 곧바로 활용할 수 있는 종이 한 장 학습법의 정확한 이름은 '1시트 러닝 시스템(one sheet learning system)'이다. 이 책에서 처음으로 그 비법을 공개한다. 기대해도 좋다.

이어지는 「Part 2 두 번째 비법 : OUTPUT(출력)」에서는 '왜 무언가를 배워도 아무런 변화가 일어나지 않는가?'라는 주제를 다룬다. 이유가 뭘까? 배우는 데만 만족해서 이후의 '출력'으로 이어지지 않기 때문이다. 이렇게 해서는 아무리 입력을 많이 해도 업무나 일상생활에 활용할 수가 없다.

3장에서는 '출력'이라는 말을 간단히 정의한다. 배운 것의 내용을 정확히 이해해야 전체적인 윤곽이 보이고 실전에 써먹을 수 있다. 4장은 3장의 내용을 바탕으로 한 실전편이다. 종이 한 장만 쓰면 되는 출력형 학습법에 대해서 배운다.

마지막으로 「Part 3 숨겨진 비법 : CONTRIBUTION(공헌)」은 말 그대로 '숨겨진 부분'까지 다룬다. 구체적으로는 당신의 '학습관'을 그대로 답습하고 있는 '업무관'을 파고든다. 특히 5장에서는 '왜 배운 것을 업무에 활용하지 못하는가?'라는 질문에 대해서 깊이 파헤칠 것이다.

이 책은 이런 시스템으로 구성되어 있다.

| 의미 있는 행위를 지속적으로 반복해서 얻은 결과

학교에 다닐 때 나는 특별히 잘하는 과목이 없었다. 다행히 훌륭한 입시용 참고서 덕분에 몇 과목에서 좋은 성적을 받았고, 원하는 대학에 갈 수 있었다. 참고서를 보면서 첫 장부터 차례대로 이해하고 배운 것을 되짚어 보는 것만으로도 성적이 올랐다. 훌륭한 참고서는 한 사람의 인생을 바꿀 만한 위력이 있다.

이후 취업 활동을 하면서도 비슷한 경험을 했다. 훌륭한 취업 준비서를 만난 덕분에 '취업 빙하기'라고 불리는 불황 속에서도 토요타에 입사할 수 있었다. 그때 내가 한 일이라고는 책을 읽으면서 한 장의 워크시트에 반복해서 나의 인생에 대해 써 내려간 것이 고작이었다. 입시 때도 그랬지만, 매일 단순한 동작을 반복했다. 하지만 처음부터 의미 있는 행위가 아니라면, 아무리 반복해도 헛수고에 지나지 않을 것이다. 이치에 맞는 시스템 안에서 노력했기 때문에 결과를 얻을 수 있었다.

학생 때 유도를 연습할 때도 마찬가지였다. 무술이나 예술을 할 때도 훌륭한 '학습'에는 두 가지 조건이 따라야 한다. 하나는 본질을 바탕으로 한 시스템이 있어야 한다는 것이고, 다른 하나는 그것을 단순한 동작으로 실행할 수 있어야 한다는 것이다.

2장에서 자세히 설명하겠지만, 토요타에서는 기획이나 품의 등을 한 장에 정리하는 업무 방식을 고수한다. 토요타에서 습득한 이 업무 스타일은 다른 곳으로 이직했을 때도 여전히 빛을 발했다. 그리고 독립한 후에는 '한 장 쓰기'라는 업무 기술로 독자적인 프레임워크를 만들어 직장인들에게 가르치는 일을 시작했다.

이처럼 나는 대학 입시와 취업, 이직, 독립이라는 인생의 전환기는 물론 일상생활에서도 '한 장 쓰기'라는 단순한 행위의 덕을 여러 번 보았다. 그리고 이러한 경험을 통해 어떤 일이든 '한 장 쓰기'로 이해하고 실행하는 학습 테크닉을 체계화할 수 있었다.

내가 지금까지 펴낸 네 권의 책은 모두 이러한 공부 방식을 전제로 한다. 다만 지금까지는 학습에 따른 결과를 책으로 '출력'했지만, 이번에는 학습법 그 자체를 공개한다는 점에서 다르다. 지금까지 펴낸 책들과는 차원이 다른 이 책을 독자 여러분에게 소개할 수 있어서 나 자신도 굉장히 설렌다.

이 분야에서는 지금까지 없었던 책을!

동시에 앞으로 이 분야의 교과서와 바이블이 될 만한 책을!

이 책이 직장인은 물론 학생 독자들에게도 공부에 대한 새로운 깨우침을 주는 지침서가 되기를 바란다. 또한 지금까지 경험하지 못했던 신선한 가르침을 얻는 기회가 되기를 바란다. 예전에 내가 그런 경험을 했던 것처럼 이 책이 당신의 인생을 바꾸어 줄 한 권의 책이 될 수 있다면 더할 나위 없이 기쁠 것이다. 지금까지의 내용 가운데 무언가 마음에 와닿는 것이 있었다면, 본문에서 다시 만날 수 있을 것이다.

Contents

Part 2 두 번째 비법 : OUTPUT
한 줄로 정리하고 한 줄로 설명하라

첫 번째 비법

input

모든 지식을
한 줄로 정리하는 법

"한 마디로 표현할 수 없다면,

당신은 그것을 아는 것이 아니다."

Chapter 1

소비형 학습을
투자형 학습으로 전환하라

왜 우리는 배운 것을 제대로 기억하지 못하는가?

"와, 이 책 정말 재미있다!"

"감동했어! 이렇게 흥미로운 세미나는 처음이야!"

"이 책은 내 인생을 바꿀 만큼 굉장해."

업무상 필요해서든, 그냥 무언가를 배우는 것이 좋아서든 당신은 지금까지 위와 같은 생각이 들 정도로 흥미로운 책이나 세미나, 교재 등을 만난 적이 있는가? 만약에 있다면, 질문을 하나 더 해 보겠다. 구체적으로 어떤 내용이었는가? 무엇을 배웠는가? 어떤 점에 감동했는가?

나는 지금까지 기업 연수나 워크숍 등을 통해 8,000명이 넘는 사람들에게 비즈니스 테크닉을 가르쳐 왔다. 내가 펴낸 책의 누계 발행 부수도 어느덧 35만 부를 넘었다. 인지도가 쌓이면서 다양한 배경을 가진 사람들과 만나게 되었다.

그래서 조금 전의 그 질문을 수많은 사람들에게 해 보았다. 하지만 유감스럽게도 저자 이름이나 강사 이름, 책과 강연이 주는 인상 정도만 기억할 뿐 그 이상의 구체적인 내용에 대해서 이야기하는 사람은 거의 없었다.

우리 대부분은 그동안 배운 것을 거의 잊고 지낸다.

어떤가, 공감하는가? '그거야 뭐, 다른 사람들도 다 그렇지 않아?'라고 생각하며 크게 문제 삼지 않는 이들도 많을 것이다.

이 책의 목적은 학습한 것을 실제로 써먹는 방법을 익히는 것이다. 그동안 무언가를 열심히 배웠지만 지금은 거의 잊어버렸다면, 당신은 제대로 성과를 낼 수 있는 출발점에 서 있지 않은 것이다. 무언가를 배우면서도 제대로 써먹지 못한다면 그것은 시간 낭비나 마찬가지다.

나는 배우는 사람으로서, 또 가르치는 입장에서 오랜 시간 이 질문에 대한 답을 구해 왔다. 그러다가 세 가지 원인을 발견했다. 이제부터 그 이야기를 하려고 한다.

무언가를 배웠으나
아무것도 배우지 않았다

배운 것을 제대로 기억하지 못하는 첫 번째 원인은 시대적인 상황 때문이다. 쉽게 이해하도록 한마디로 정의하자면 다음과 같다.

요즘은 배움을 소비하는 시대다.

21세기 들어 TV 프로그램의 대부분이 무언가에 도움이 되는 학습적 요소를 가미하지 않으면 콘텐츠로서 가치를 인정받지 못하게 되었다. 그저 재미만 추구하던 예능 프로그램은 점점 자취를 감추고 재미있으면서도 유익한 퀴즈 방송이나 시사와 정보, 지식이 어우러진 프로그램이 범람하고 있다. 한국에서도 베스트셀러가 된 『미움 받을 용기』가 일본에서는 드라마로 만들어졌는데, 이 역시 심리학과 자기계발이 더해진 오락의 예라고 할 수 있다.

가끔씩이라도 TV를 보는 사람이라면 누구나 거의 모든 TV 프로그램이 교육 콘텐츠를 담고 있다는 사실을 쉽게 목격할 수 있을 것이다. 인터넷에서도 온갖 주제에 대해 배울 수 있는 동영상이 넘쳐난다. 마치 숨을 쉬듯이 편안하게 여러 가지 정보를 접할 수 있다. 하지만 그 결과, 배움이라는 행위 자체가 가치를 잃고 지나치게 간편한 소비 행위로 전락하고 말았다.

'3일 전에 저녁밥으로 무엇을 먹었죠?'라는 질문에 대부분의 사람은 답을 못한다. 먹을 때는 맛있다는 말을 연발했더라도 먹는 행위가 소비에 그치는 이상 그 경험은 순식간에 기억에서 사라지고 만다. 이 질문을 '3일 전에 무엇을 배웠나요?'로 바꾸어 보자. 당신은 이 질문에 답할 수 있는가? 아마도 어려울 것이다. 그 자리에서 욕구가 충족되면 그 기억은 순식간에 사라져 버리기 때문이다.

무언가를 배우는 일이 일상 속에서 손쉽게 이루어지는 소비의 한 형태가 되어 버린 시대에는 배운 내용을 일일이 기억하지 못하고 잊어버리는 것이 당연하다는 인식이 확산될 수밖에 없다. 먼저 우리가 지금 이러한 학습 환경 속에서 살아가고 있다는 사실을 알아야 한다. 우리는 '배움=소비'라는 생각이 당연하게 받아들여지는 세상을 살고 있는 것이다. 이처럼 당신이 배운 것을 쉽게 잊어버리는 이유가 학습을 소비로 생각하고 있기 때문이라면 그 해결책도 찾을 수 있다.

소비형 학습을 투자형 학습으로 바꾸는 것이다.

그때그때 수동적으로 욕구를 충족하는 것이 아니라, 명확하게 목적을 설정하고 그 목적을 달성하기 위해 능동적으로 배워야 한다. 이와 같은 투자형 학습을 실현하기 위한 열쇠는 이것이다.

배움의 목적을 명확히 하는 것!

여기에 대해서는 2장에서 보다 자세히 살펴볼 것이다. 앞으로 몇 가지 키워드를 제시할 예정이니 하나하나 내용을 잘 이해해 주기 바란다.

자신의 말로 소화하지 않은 것은
써먹을 수 없다

왜 우리는 배운 것을 잊어버리는가? 두 번째 원인을 비유적으로 말하자면, '잘 씹어서 소화시키지 않기 때문'이다. 바꾸어 말하면 생각을 정리하면서 공부하지 않기 때문이다. 요컨대 작가나 강사가 하는 말을 수동적으로 받아들이기만 해서는 기억에 남지 않는다.

예전에 책 읽는 것을 좋아하는 어느 수강생에게 당신의 인생을 바꾼 책이 무엇이냐는 질문을 한 적이 있다. 그러자 그는 경영학의 거장 피터 드러커의 명저 중 하나인 『자기경영노트(The Effective Executive)』라고 대답했다. 그래서 구체적으로 그 책을 통해 무엇을 배웠는지 물었더니, "업무의 본질을 배울 수 있었어요. ……아무튼 좋았어요. 꼭 읽어 보세요."라는 말만 되풀이했다. 구체적인 대답을 하려는 생각이 없어 보였다.

나 역시 드러커의 팬이고 그 책은 몇 번이나 읽었기 때문에 질문 방식을 조금 바꾸어서 다음과 같이 다시 질문했다.

"저는 2장의 시간 관리에 관한 내용을 좋아하는데 어떠셨어요?"

"음, '자신의 시간을 관리하는 방법'이라는 대목이죠? 그 부분 정말 굉장하지 않아요?"

2장의 제목이 '자신의 시간을 관리하는 방법'인 건 맞지만, 끝까지 그 장의 구체적인 내용에 대해서는 들을 수 없었다. 그 수강생에게는 미안한 말이지만, 그는 아무것도 기억하지 못하고 있었다.

인생을 바꾼 책이라고 생각할 정도이니, 그 책을 읽을 당시에는 지적으로 매우 충만하고 감동도 받았을 것이다. 그런데도 시간이 지난 지금은 기억에 남아 있는 것이 거의 없었다.

이런 식으로 책을 읽어서는 작가의 몇 마디 말을 머릿속에 넣어 두는 것에 지나지 않는다. 책의 내용을 능동적으로 머릿속에 입력하고 책의 키워드를 잘게 씹어서 자기 나름대로 재구성하지 않으면 구체적인 내용을 떠올릴 수 없다. 아무리 내가 힌트를 주어도 기껏해야 키워드 몇 개 생각해 내는 데 그친다. 그 주옥같은 키워드에 담긴 의미를 구체적으로 해석하지도 못한다. 그런 상태에서 과연 '배운 것'을 업무에 활용할 수 있을까?

나 역시 별다르지 않다고 생각하는 독자가 많을 것이다. 책이나 세미나, 인터넷 동영상으로 접한 키워드를 늘어놓기만 해서는 업무에 활용할 수 없다. 뿐만 아니라 수동적으로 머릿속에 새긴 지식은 시간이 조금만 지나면 금세 지워진다. 결국 일주일쯤 지나면 그것에 대해 아무런 설명도 하지 못하게 된다.

하지만 배운 것을 잊어버리는 이유가 지식을 잘 소화하지 않았기 때문이라면 해결 방법도 자연스럽게 찾을 수 있다. 첫 번째 원인의 해결책인 '배움의 목적을 명확히 하는 것'과 마찬가지로 여기서도 단적인 키워드로 만들어 보자.

배운 것에 대해 생각을 정리해야 제대로 알게 된다.

생각을 정리하는 것에 대해서도 2장에서 자세히 설명하겠다.

너무 긴 것은
기억하지 못한다

배운 것이 왜 오래가지 않는가? 앞서 지금까지 우리가 애매한 소비형 학습을 해 왔다는 점, 그리고 배운 것을 자기 나름대로 잘 소화해서 입력하는 능동적인 사고 정리가 부족했다는 점에서 그 원인을 찾았다. 이밖에도 많은 원인이 있지만, 이번에 다룰 내용이야말로 오랫동안 기억해 주기를 바란다. 세 번째 원인은 아래와 같다.

배운 내용을 짧게 요약하지 않기 때문이다.

나는 '종이 한 장'에 정리하는 사고 정리 방법과 의사소통 방법을 비즈니스 테크닉으로 가르치고 있다. 구체적인 내용에 대해서는 2장에서 설명하겠지만, 지금은 사고 정리 그 다음 단계에 초점을 두고 이야기하려 한다.

종이 한 장에 생각을 정리하는 공부법을 가르친 초기에 나타난 현상 중 하나가 사고 정리의 결과가 너무 길어서 도저히 기억할 수 없다는 점이었다. 하루는 필자의 첫 번째 저서인 『토요타에서 배운 종이 한 장으로 요약하는 기술』을 주제로 워크숍을 개최한 적이 있다. 며칠 뒤 워크숍에 참가했던 분이 나에게서 배운 내용을 정리해서 보여 주었는데, 그 메시지는 다음과 같았다.

이번에 배운 것을 한 마디로 정리하면?
─평소에 배운 것을 '한 장'에 정리하는 행위를 하는 것만으로도 사고를 많이 정리할 수 있고, 동시에 그 내용을 세 가지 이하로 정리해서 주변 사람에게 설명할 수 있으면 직장에서도 자기만족에 그치지 않고 남에게 도움이 될 수 있다!

하지만 이 문장은 너무 길어서 도저히 기억할 수 없다. 그래서 그분에게 '한 숨에 말할 수 있는 길이'로 줄이면 어떻겠느냐고 제안했다. 그리고 결국 '한 장으로 정리하면 자기만족으로 끝나는 업무 방식을 개선할 수 있다'로 짧게 간추릴 수 있었다.

이처럼 스스로 잘 요약한 것 같아도 다른 사람이 보기에는 너무 길어서 기억에 남지 않고 나중에 떠올리지 못하는 경우가 많다. 당신은 어떤가? 단적으로 요약을 잘하는 편인가?

지금까지 '왜 배운 것을 잊어버릴까?'라는 주제로 세 가지 원인과 그 해결책을 제시했다. 키워드만 정리해 보면 다음 3가지다.

① 목적의 명확화

② 사고 정리

③ 단적인 요약

2장에서는 위의 사항을 종이 한 장에 쓰는 것만으로 실천할 수 있는 '한 줄 20자 공부법'에 대해 자세히 설명할 것이다. 지금까지의 내용을 잘 이해한 뒤에 다음 단계로 넘어가자.

Chapter 2

지식의 핵심과 본질만
머릿속에 입력하는 방법

한 줄이면 무엇이든 표현할 수 있다

이제부터 실전 모드로 전환해 보자.

1장에서 이야기한 '① 목적의 명확화 ② 사고 정리 ③ 단적인 요약'
이라는 3개의 키워드를 명심하면서 배운 내용을 잊지 않고 오랫동안
기억하도록 입력하는 방법을 알아볼 것이다. 우선 1장의 마지막에 제
시한 '③ 단적인 요약'을 실천하는 것에 중점을 두고 설명하겠다.

나는 수강생들에게 배우는 모든 것을 가능한 한 20자 안팎으로 정
리하라고 강조한다. 20자 안팎으로 정리한다는 것이 어떤 의미일까?
시험 삼아 지금까지 이야기한 내용으로 예를 들어 보겠다.

지금은 내가 무엇을 배웠는지 거의 잊어버렸다. (19자)

요즘 세상은 배움이 소비가 되어 버린 시대다. (18자)

학습을 하나의 '소비'로 받아들이고 있기 때문이다. (20자)

소비형 학습관에서 투자형 학습관으로 전환한다. (20자)

사고를 정리하면서 배우고 있지 않기 때문이다. (19자)

배운 내용을 짧게 요약하고 있지 않기 때문이다. (19자)

한 장으로 자기만족에 그치는 업무 방식을 고친다. (20자)

가능하다면 20자 안팎의 글로 잘 정리해 보자. (19자)

위의 문장들은 모두 한 눈에 요점을 파악할 수 있을 것이다. 실제로 지금까지 이 책을 읽으면서 중간중간 이처럼 내용을 요약해 주어서 이해하기 쉽지 않았는가? 만약 그랬다면 내가 항상 20자 안팎의 글자 수를 철저히 지키고 있기 때문이다. 적당히 하는 것도 아니고, 우연의 일치도 아니다. 의도적으로 매번 이만큼의 글자 수를 목표로 요약하고 있다.

그렇다면 왜 굳이 20자일까? 그 이유는 20자 정도면 어떤 메시지든 표현할 수 있기 때문이다. 한국의 시조를 예로 들 수 있다. 시조는 초장·중장·종장으로 구성되는데, 초장과 종장의 글자 수가 '3, 4, 3, 4.'이고 종장이 '3, 5, 4, 3.'이다. 가령 종장에 쉼표와 마침표를 더해서 글자 수를 세면 다음과 같다.

3, 5, 4, 3.

=(3+1)+(5+1)+(4+1)+(3+1)=19자

시조의 종장 자체는 열다섯 글자이지만 문장 부호까지 합치면 모두 19자가 된다.

원고지의 한 줄도 20칸으로 이루어져 있다. '우리말은 20자만 쓰면 전달하고자 하는 내용을 표현할 수 있다'는 사실이 납득이 가지 않는가?

고등학교 때의 예를 하나 더 들어 보겠다. 선생님께서는 이렇게 말씀하셨다.

"시험지에 제시된 지문을 읽고 40자 이내로 요약하라고 한다면 포인트를 두 가지 생각하고, 60자 이내로 요약하라면 세 가지의 포인트를 생각해."

일종의 시험 테크닉인데, 이 역시 '하나의 메시지는 20자로 표현할 수 있다'는 논리에 입각한 요령이다.

이상 3개 정도의 예(시조, 원고지 칸 수, 시험 요령)를 들어 보았다. 결론적으로 하고자 하는 말은 단순하다.

한 줄 20자면 전달하려는 내용을 표현할 수 있다.

위의 요약문이 몇 글자인지 세었으면 다음으로 넘어가자.

토요타에서 터득한
자료 작성의 세 가지 제약

여기까지 읽으면서 왜 20자로 요약하는 것을 목표로 하는가에 대해 어느 정도 이해했을 것이다. 이번 챕터는 실천편이다. 우리의 당면 과제는 배운 것을 어떻게 하면 20자 정도로 요약할 수 있는가 하는 문제다. 지금부터 이 과제에 답해 보고자 한다.

한 가지 고백할 것이 있다. 내가 옛날부터 요약을 잘 못했다는 점이다.

"실컷 20자 요약이 어쩌고저쩌고 해놓고선 무슨 소리야?"

의아해하는 독자도 있겠지만, 사실이다. 지금은 아무도 믿어 주지 않지만 학생 때 나는 국어를 정말 못했다. 특히 핵심을 요약하라거나 본문의 요점을 정리해서 기술하는 유형의 문제는 전혀 이해를 못해서 시험에 나올 때마다 쩔쩔매고는 했다. 그랬던 내가 어떻게 요약 실력을 키웠을까?

토요타에 입사하면서부터였다. 토요타에서는 일상적으로 요약을 해야 했고, 이 일이 요약 실력을 비약적으로 길러 주는 계기가 되었다. 실제로 '종이 한 장짜리' 자료를 수백 장 작성했다. 이런 과정을 통해 나의 요약 실력이 근본적으로 바뀌었던 것이다.

나는 직장인으로 지낸 대부분의 시간을 토요타에서 보냈다. 연간 약 23조 원의 수익을 내는 세계적인 기업이 일하는 방식에는 어떤 노하우가 있을까?

많은 사람들이 다양한 관점에서 분석하지만, 나는 '종이 한 장에 정리한다'는 독특한 업무 방식에 주목한다. 토요타에서는 기획서, 결재서, 품의서, 보고서, 회의록, 분석 자료, 검토서, 토론 자료 등등 모든 종류의 서류를 무조건 A4나 A3 한 장에 정리한다는 기업 문화가 정착되어 있다. 딱히 사칙으로 규정되어 있는 것은 아니지만, 7만 명의 사원 대부분이 선배들이 해 온 기본적인 업무 방식을 따르고 있다. 그래서 여기서도 『토요타에서 배운 종이 한 장으로 요약하는 기술』에서 소개했던 '종이 한 장' 자료의 실제 예를 들어 보고자 한다.

이러한 자료를 작성하는 데에는 다음 세 가지 제약이 따른다.

제약 1. 종이 한 장에 정리해야 한다.

제약 2. '틀 안'에서 정리해야 한다.

제약 3. 주제에서 벗어난 것은 쓸 수 없다.

첫 번째 제약인 '종이 한 장'이라는 조건은 얼핏 이해하기 힘들 수도 있다. 기본은 A4 용지이지만 그것이 어렵다면 A3에 쓰더라도 어떻게든 종이 한 장에 정리하는 것을 목표로 한다. 이는 모든 자료에 해당하는 제약이다.

또한 각 자료에는 여러 개의 '글 상자=틀=프레임'이 있다. 나아가 각 프레임 위에 있는 제목은 '무엇에 대해서 쓸 것인가(=주제)'를 지시한다.

자료를 작성할 때는 이 틀에서 벗어나면 안 된다. 틀 위에 적은 주제와 상관없는 내용을 써서도 안 된다.

지금으로서는 의구심이 들겠지만, 종이 한 장과 프레임에 맞추어서 주제에 따라 정리하다 보면 요약 실력이 늘어날 수밖에 없다. 세 가지 제약에 따르면서 방대한 양의 자료를 작성하다 보면 정말로 요약 실력이 일취월장한다.

물론 나도 처음에는 잘하지 못했다. 자료를 만들어 상사에게 보여 주면 새빨갛게 첨삭을 당했다. 수정 사항을 고쳐서 다시 자료를 제출했을 때도 같은 일이 되풀이되었다. 이런 일이 반복되는 동안 조금씩 혼자서도 종이 한 장에 자료를 정리할 수 있었다.

기획서

출장 보고서

문제 해결 방안

'주변에 빨간 펜으로 첨삭을 해 주는 상사가 없으면 요약 실력이 늘지 않겠구나'라고 생각하는 사람이 있을지도 모른다. 결코 그렇지 않다. 물론 좋은 선배 덕분에 시간을 단축할 수 있었던 것이 사실이다. 그러나 시간을 단축한다는 조건만 없애면, 종이 한 장에 정해진 틀에 따라 주제에 맞게 정리한다는 제약에 따라 자료를 정리하다 보면 어느새 실력이 부쩍 좋아져 있을 것이다.

마음 가는 대로 주저리주저리 쓰지 않도록 제약을 두자. 이런 조건 아래서 훈련하다 보면 요약을 잘 못하는 사람도 충분히 실력이 향상된다. 이러한 사실은 대부분의 내 독자와 수강생들이 증명해 주었다. 안심해도 된다. 이제부터라도 종이 한 장 학습법을 실천해 보기 바란다.

본질을 깨우치는
사고 정리 방법

앞에서 나의 형편없던 요약 실력을 어떻게 기를 수 있었는지 설명했다. 그 열쇠는 제약을 두는 것이었는데, 이러한 방식은 학습을 하는데 있어서도 중요한 의미를 지닌다. 왜냐하면 일정한 제약을 둠으로써 학습을 하는 동안 사고 정리가 촉진되기 때문이다.

이제부터는 '① 목적의 명확화 ② 사고 정리 ③ 단적인 요약' 가운데두 번째인 ② 사고 정리에 대해서 설명하겠다.

이 책에서 정의하는 '사고 정리'란 정보를 정리하고 생각을 모으는것이다. 자료를 작성할 때도 그렇지만 업무를 볼 때나 공부를 할 때도 사고 정리가 연속적으로 일어난다. 주어진 주제에 대한 정보를 정리하고, 다시 그것들을 재료로 이런저런 생각을 모으기 때문이다. 그런데 이때 그저 생각만 하다 보면 사고가 제멋대로 뻗어 나가 아무리 시간이 지나도 생각이 정리되지 않는다. 누구나 그런 경험이 있을 것이다.

토요타에 다니던 시절 상사로부터 "더 잘 생각해 봐!"라고 호통을 들었을 때 무조건 열심히 생각해 보았다. 그런데 아무리 시간이 지나도 답은 나오지 않고 다람쥐 쳇바퀴 돌듯 같은 생각이 반복되기만 했다. 이럴 때 만약 '제약'이 있다면 어떨까?

'이 틀 안에 적절한 것을 넣기 위해서는 어떻게 해야 할까?'라고 생각을 모으자, 사고의 방향이 '어떻게든 단적으로 정리해 보자'라는 쪽으로 나아갔다. 그 결과 "한마디로 정리하면?", "더 요약하면?"과 같은 말이 입버릇이 되었고, 간단한 말로 정리할 수 있을 때까지 깊이 생각하는 습관이 붙었다.

조금 전에 나는 '깊이 생각한다'는 말을 썼다. 이 말에는 '반복해서 사고를 정리한다'는 뜻이 담겨 있다. 깊이 생각함으로써 우리는 '어떤 것'을 파악할 수 있다. 그 어떤 것이란, 바로 사고를 정리하고 있는 주제에 대한 본질이다.

'본질'이라는 말도 이 책에서 중요하게 다루는 키워드이기 때문에 그 뜻을 명확히 해 두자.

본질이란 많은 현상을 설명하는 근거다.

열심히 배우면서 사고 정리를 반복한 결과, 내가 지금 맡고(하고) 있는 업무(공부)의 본질(=근거=판단 기준)을 파악했다고 치자. 그렇게 되면 내가 해야 하는 일의 중심 기둥에서 벗어나지 않고 판단하며 행동할 수 있다. 또 충분히 응용할 수 있어서 예측하지 못한 상황 앞에서도 당황하지 않고 대처할 수 있다. 주변에서 이런저런 질문을 해도 일관된 대답을 할 수 있는 것 또한 본질을 파악하고 있기 때문이다. '본질을 파악하는 힘'은 업무를 원활하게 하는 학습 능력에 반드시 필요한 요소다. 한 가지 덧붙이자면 본질에는 어떤 특징이 있다.

본질은 단순해서 단적인 말로 표현 가능하다.

사고 정리를 해서 본질을 파악하게 되면 한 문장, 한 마디로 짧게 표현할 수 있다. 또 그렇게 표현된 것을 쉽게 받아들일 수도 있다. 이상 지금까지의 내용을 20자로 정리하면 아래와 같다.

학습이란 사고 정리에 의한 본질 탐구 그 자체다.

표면적인 지식을 무턱대고 암기하거나, 하나하나 개별적으로 키워드를 이해해 나가는 식으로 공부해서는 언젠가 거의 모든 내용을 잊어버린다. 공부란 그저 외우고 문제를 푸는 것이 아니라, 공부하고 있는 주제에 대한 본질을 파악하는 것이다.

본질을 파악하면 지금 내가 공부하고 있는 주제에 대해 많은 것을 줄줄이 이해할 수 있다. 그리고 본질은 단적인 말로 표현 가능하기에 본질을 파악하는 방식으로 공부하면 시간이 지나도 쉽게 기억을 떠올리게 해 주는 간단한 입력 키워드를 축적할 수 있다.

정보를 정리하고 생각을 모으는 행위를 반복하며 깊이 생각함으로써 본질을 파악하고 나면 배운 것을 단적으로 표현할 수 있다. 그렇게 하면 입력한 것을 오래 기억할 수 있고 업무에서도 활용하기 쉽다.

종이와 펜만 있으면
정리할 수 있다

지금까지의 내용을 이해했다면, 20자로 정리하는 요약 실력과 사고 정리 실력을 기르는 데 필요한 조건도 알 수 있을 것이다. 한마디로 정리하면 '제약을 두고 학습한다'이다. 자료를 작성할 때와 마찬가지로 '종이 한 장, 틀, 주제'라는 세 가지 요소로 제한된 상태에서 학습하면 된다.

자, 어떻게 실천할 수 있을까? 도구는 종이와 펜만 있으면 된다. 구체적으로는 [2-2]와 같은 프레임워크를 작성해서 빈 칸을 메우면서 학습하는 것이다. 현 시점에서 짚고 넘어갈 점은 이것이다.

· 한 장의 종이에

[DATE] [THEME]	P?		

1P?→						

· 프레임을 그리고

· 주제를 정해서 메운다.

나는 지금까지 이러한 한 장, 틀(프레임), 주제를 제약 조건으로 하는 프레임워크를 열다섯 종류 이상 독자적으로 개발했다. 그것을 비즈니스 스킬로 체계화시킨 것이 '한 장 프레임워크'다. 이번에는 그중에서 '학습'이라는 주제에 초점을 두고 몇 가지 틀을 다룰 것이다. 나아가 이 책은 '업무에 활용한다'는 목적에 맞게 최적화해서 '1시트 러닝 시스템'으로 구성했다.

이 책을 통해 '한 장 프레임워크'를 처음 접하는 독자는 물론 나의 이전 저서를 통해 이미 몇 가지 틀을 알고 있는 사람에게도 새로운 지식을 선사할 것이다. 특히 이제부터 소개할 '20자 공부법'의 프레임워크는 처음으로 공개하는 '한 장'의 틀이다. 어떤 일에 종사하든 이제부터 이 프레임워크를 많이 활용해 보기 바란다.

한 줄 20자 공부법의 효과

이제 본격적으로 20자 공부법을 위한 한 장 프레임워크 작성 방법과 사용 방법을 설명하겠다. 우선 고동색(프레임워크를 그리는 펜의 색깔로, 눈을 편하게 하는 색이면 어떤 색이라도 상관없다), 파란색, 빨간색, 세가지 색깔의 펜과 종이 한 장을 준비하자. 이것은 뒤에서 설명할 두번째 비법(Part 2)과 숨겨진 비법(Part 3)에서 소개할 다른 틀에도 마찬가지로 적용된다. 펜 이외에는 아무것도 필요 없다.

일단 무조건 적는다는 점을 우선시해야 하기 때문에 처음에는 A4 용지, 노트, 이면지 등 활용하기 편한 정도의 크기면 어떤 종이든 상관없다. 참고로 내가 운영하는 '한 장 워크스(One Sheet Works)'라는 강의에서는 수강생들에게 B5 사이즈의 노트를 추천한다. 그런 크기의 노트가 당장 없다면 일단 A4 사이즈의 종이나 조금 더 큰 것이라도 상관없다. 단 메모장은 너무 작으니까 피하자. 나중에 실례를 보면 알겠

날짜와 주제를 기입

[DATE] 11/11 [THEME] 살아남는 판단, 　　　　　살아남지 못하는 행동	P?

목적과 연관된 문구를 적어 나간다

1P?→ **20자로 정리한다**		

목적을 빨간 펜으로 기입

| 20 | | | |

지만, 노트가 너무 작으면 글씨를 쓰기 불편하다. 적어도 A5 사이즈 이상의 종이나 노트를 준비하는 것이 좋다.

한 가지 주의할 사항이 있다. 컴퓨터로 작성해서는 안 된다. 이유는 컴퓨터 화면을 보면서 작업하는 것보다 종이에 글씨를 쓸 때 뇌가 활발하게 움직이기 때문이다. 요즘 10대들처럼 디지털 네이티브(태어날 때부터 디지털 기기에 둘러싸여 성장한 세대를 말한다 _역주)라면 모를까 지금 직장에 다니는 세대라면 종이에 직접 쓰는 것이 좋다. 손으로 글씨를 쓰는 것이 귀찮다고 생각하는 사람도 있을 것이다. 하지만 급할수록 돌아가자. 편하다는 이유로 뇌가 충분히 활동하지 않는 상태에서 컴퓨터 앞에 앉아 이것저것 생각하는 것보다는 종이에 적으면서 사고를 정리하는 편이 결과적으로 빨리 배울 수 있다.

자, 이제 노트나 종이든 준비됐으면 고동색 펜을 꺼내서 [2-3]의 모양대로 프레임을 작성해 보자.

20자 공부법의 프레임을 작성했으면 왼쪽 위의 첫 번째 프레임에 날짜와 주제를 기입하자. 독자 여러분이 연상하기 쉽도록 여기서는 알고 싶은 분야에 대해 책에서 지식을 얻는다는 설정으로 이야기해 보겠다. 따라서 첫 번째 프레임의 'THEME'에는 책의 제목을 기입하면 된다.

이번 예에서는 아만다 리프리라는 저널리스트가 쓴 『살아남는 판단, 살아남지 못하는 행동(The Unthinkable)』이라는 책을 다룰 것이기 때문에 첫 번째 프레임에는 이 책의 제목이 적혀 있다.

내가 이 책을 읽은 계기는 3·11 동일본 대지진(2011년 3월 11일 일본 도호쿠 지방 태평양 해역에서 발생한 지진으로 쓰나미가 닥친 사건이다. 이 일로 인해 후쿠시마의 원전에서 방사능이 유출되었다) 때문이었다. 내가 그랬던 것처럼 당시에 많은 사람들이 비상시에 어떻게 행동할 것인가를 두고 탐구했다. 천재지변은 수시로 일어난다. 그럴 때에 형식적인 재해 예방 기술이나 노하우에 기대는 것뿐만 아니라 어떤 본질을 파악해야만 재해에서 살아남을 수 있을까, 어떻게 하면 나 자신과 소중한 사람들을 구할 수 있을까 고민했다. 이런 문제의식에서 관련 서적을 모조리 찾아 읽었는데, 그중에서도 개인적으로 이 리프리의 책이 가장 인상 깊었다.

하지만 이 책의 내용은 실질적인 업무와는 직접적 관련이 없다. 지금 당장은 프레임워크에 익숙해지는 것이 목적이기 때문에 무엇이든지 당신이 관심 있는 소재나 주제를 택하면 된다. 때문에 일부러 이런 예를 들었다.

먼저 이 책을 통해 얻은 사고 정리의 결과를 밝히겠다. 나는 평소에도 주변 사람들에게 이런 메시지를 전하고 있다.

유사시에 사람은 평소의 습관대로만 움직인다.

19자로 구성된 문장이다. 재해가 일어났을 때는 어느 누구도 창의적으로 생각하지 못한다. 즉각적으로 생각하고 판단해서 적절한 행동을 취하는 일 따위는 기대하기 힘들다. 이것이 가장 현실적으로 직면할 수 있는 시나리오다.

그렇기 때문에 평소에 시뮬레이션 훈련을 해 두어야 하고, 주변 사람들에게 지속적으로 이야기해 두어야 한다. 이러한 일상의 반복이 사고가 정지되어 버린 유사시에 살아남을 수 있는 판단이나 행동을 가능하게 한다.

실제로 9·11 사례를 다룬 책도 많다. 테러 사건이 발생했을 때 월드트레이드센터에 입주해 있던 어느 기업의 직원들은 거의 전원이 살아남았다. 평소 유사시에 대비한 피난 훈련을 반복해 왔기 때문이다. 반대로 이런 훈련이 안 된 기업의 직원 대부분은 도망가기는커녕 그대로 사무실에 머물러 있었다.

월드트레이드센터에서 근무할 정도로 우수한 인재들이 왜 그런 판단과 행동밖에 할 수 없었을까? 이 소박한 의문에 대한 대답이 '유사시에 사람은 평소의 습관대로만 움직인다'라는 19자 문장이다.

유사시에 대비하는 훈련을 소홀히 하는 사람들에게 그저 '재난 방지 의식을 높이자'라고 호소해도 아무런 소용이 없다. 그러나 '유사시에 사람은 평소의 습관대로만 움직인다'라는 문장을 제시하고 본질을 설명하면 많은 사람들이 고개를 끄덕이며 신선한 깨달음을 얻고는 한다. 이 책을 읽으면서도 그런 느낌을 받은 독자들이 꽤 있을 것이다.

　'본질을 파악한다'는 학습 방식에는 단순히 '쉽게 잊어버리지 않는 다', '단적으로 표현할 수 있다'는 것 외에 남에게 의미를 전달하기 쉬워진다는 특징이 있다.

목적을
명확히 한다

1시트 러닝 시스템에서 중요한 것은 여기부터다. 도대체 나는 어떻게 이 20자 정리 기술을 만들었을까? 그 원리를 설명하고자 한다.

먼저 이 책을 읽는 목적을 생각해 보자. 46~47페이지의 [2-3]에서 'P?'는 'Purpose(=이 책을 읽는 목적은)?'라는 뜻으로, 이 질문에 대한 대답을 책을 읽기 전에 빨간 펜으로 기입해 둔다.

단적인 요약과 사고 정리에서 '목적'은 중요한 기능을 한다. 왜냐하면 목적이 명확해짐에 따라 목적 달성에 관계없는 정보를 완전히 제거할 수 있기 때문이다.

목적 달성에 도움이 될 것 같은 정보만 집어내기 때문에 종이 한 장이나 한 줄로 정리하기에도 쉽다.

[DATE] 11/11 [THEME] 살아남는 판단, 살아남지 못하는 행동	P?	유사시에 인간 행동의 본질을 파악하기 위함

빨간 펜으로 기입

무엇보다도 목적이 중요하기 때문에 강조의 뜻을 담아 빨간 펜으로 기입하자. **목적은 단적인 사고 정리를 실현하기 위한 구심점인 셈이다.** 실례에서는 '유사시에 인간 행동의 본질을 파악하기 위함'이라고 적어 두었다.

책을 읽어도 업무에 살리지 못하는 사람이 있다면 아마도 목적을 분명히 하지 않은 채 공부를 하기 때문일 것이다. 지금까지 수백 명의 수강생에게 "왜 이 책을 읽으려고 했나요?", "왜 이 강의를 들으려고 생각했습니까?"라고 물었지만 명확한 답을 들을 수 없는 경우가 많았다.

대부분의 독자는 별 생각 없이 책을 사서 별 생각 없이 책을 읽고 적당히 만족한다. 배움은 어디론가 사라지고 어느새 내용을 잊어버리고 만다. 1장에서 밝힌 대로 나는 이러한 일련의 흐름을 '소비형 학습'이라고 부르는데, 계속 되풀이되는 이 악습에 종지부를 찍으려면 어떻게 해야 할까?

첫 단추가 중요하다. 처음부터 책을 읽는 목적을 명확히 해 두는 것이다.

자, 다시 아만다 리프리의 『살아남는 판단, 살아남지 못하는 행동』 으로 돌아가 보자. 어떻게 해야 유사시에 현명하게 대처하는 습관을 들일 수 있을까? 열쇠는 훈련이다.

20자 공부법 역시 마찬가지다. 프레임워크를 반복해서 쓰다 보면 학습을 할 때 목적을 의식하는 습관이 몸에 밴다.

'P?' 옆 칸에 빨간 펜으로 목적을 명확히 적는다. 그러면 이러한 행동이 차츰 당신의 사고 회로에 영향을 준다. '목적을 의식하면서 책을 읽자'라고 100번 복창하는 것보다는 '종이에 쓴다'는 구체적인 행동을 통해 훈련하는 편이 몇 배나 빨리 습관을 들일 수 있다.

반드시 20자 공부법을 실천해서 항상 목적을 의식할 수 있는 사람, 목적을 언어화할 수 있는 사람이 되기를 바란다.

목적을 잊지 않고
키워드를 찾아낸다

'P?'의 옆 칸을 메우고 나면 다음에는 무엇을 할까?

종이를 옆에 두고서 평소 하던 대로 책을 읽으면 된다. 읽는 방법은 자유다. 정독해도 좋고, 속독 스킬이 있다면 활용해도 좋다. 다만 한 가지 기본적으로 부탁하고 싶은 것이 있다. 가끔씩이라도 좋으니 조금 전에 적은 P? 부분을 곁눈으로 흘끔흘끔 보기 바란다.

나도 당신도, 사람은 누구나 믿을 수 없을 정도로 금세 목적을 잊어먹기 때문이다. 설령 종이에 적어서 문서화했다 해도 한 번 써 본 것만으로는 목적을 강하게 의식할 수 없다는 것이 이 단계 초기의 자연스러운 현상이다. 그렇기 때문에 목적을 반복해서 의식하는 행동이 필요하다.

[2-5] 파란 펜으로 키워드를 쓴다

[DATE] 11/11 [THEME] 살아남는 판단, 살아남지 못하는 행동	P?	유사시에 보이는 인간 행동의 본질을 파악함	
릭 레스콜라 안전 요원	공포를 이기기 위해서는? =준비	스트레스를 극복하는 최상의 방법	수마트라 쓰나미 · 랑기섬 흔들리다 ▶높은 건물로
비상시= 패닉 〈 예의 바르게	살아날 가능성=희망 ▶ 행동의 원천에	호흡으로 조절	마비=아무것도 하지 않게 된다
뇌를 work= 반복해서 연습	부인 ▶ 사고 ▶ 행동	탈 · 부인=자신 · 자존심	8개의 P
익숙하지 않은 환경= 수동적, IQ 떨어진다	연습=순서의 중요성	대량 〈 하나뿐인 교훈	원제 The Unthinkable

cf. 릭 레스콜라(Rick Rescorla) : 9·11 월드트레이드센터가 테러를 당했을 때 미국 투자 은행인 모건 스탠리의 안전 요원이었던 릭 레스콜라의 희생 덕에 2,937명이 살아날 수 있었다.

파란 펜으로 기입

며칠에 걸쳐서 책을 읽을 때는 독서 전에 매번 확인하자. 몇 시간 동안 몰아서 읽을 때는 3분의 1 정도 읽은 후에라도 괜찮다. 단 몇 초 동안 잠시 확인하는 것만으로도 충분하다. 별일 아닌 것 같아 보이지만 이 단계에서 이러한 기본 동작을 하는 것은 대단히 중요하다. '무조건 따라해 본다'는 행동 우선 정신으로 임하자.

자, 이제 어느 정도 책을 읽었으면 이번에는 프레임워크 중간 부분을 채워 보자. 이 단계는 책의 내용을 떠올리거나 혹은 가끔 책을 찾아보면서 목적 달성에 도움이 될 것 같은 키워드를 적어 나가는 과정이다.

이번에는 파란 펜으로 기입하기 바란다. 프레임이 모두 16개인데 전부 다 메우는 것이 목적은 아니다.

한 번 더 명심하자. 사고 정리란 정보를 정리하고 생각을 모으는 것이다. 이 파란 펜 과정은 나중에 20자 정리를 하는 데 기본이 되는 정보와 재료를 모아 정리하는 것이 목적이다.

대략 8개 이상 메울 수 있으면 된다. 16개 이상 키워드를 찾을 수도 있겠지만, 이럴 경우에는 16개를 메운 시점에서 종료하기 바란다. 그 이상 수가 늘어나면 생각을 정리할 때 정보량이 너무 많아서 오히려 혼란에 빠질 수 있다.

무슨 일이든 밸런스를 유지하고 적당히 하는 것이 가장 좋다. 우선 프레임을 메운 키워드만으로 승부를 보자. 잘되면 다행이지만 안 된다고 해도 실망하지 말고 다시 한 번 시도해 보자. 어차피 한 장만 쓰면 된다.

페이지를 넘기면서 키워드를 찾을 때는 필요한 곳만 확인하도록 하자. 이미 한 번 읽었으니 목표 달성에 도움이 될 만한 정보가 책의 앞부분에 있는지, 아니면 제일 나중에 있는지 정도는 파악하고 있을 것이다.

부디 다시 정독하려고 하지 말 것. 지금 목적 달성에 필요한 정보를 20자 안팎의 한 줄로 정리하려는 것이므로 키워드를 선택해서 기입하는 작업에 전념하기 바란다.

집중력을 높이는 요령은 시간제한을 두는 것이다. 구체적으로는 10분 정도의 시간 안에 키워드 선택을 마치도록 하자. 부엌에서 쓰는 타이머나 시계 등을 사용해도 좋다.

시간이 그 이상 넘어가면 집중력이 대폭 떨어지기 때문에 10분짜리 홈쇼핑이 끝나기 전에 키워드 기입을 마치자.

빨간 펜으로
그룹화한다

10분 정도 시간을 들여 키워드를 찾고 파란 펜으로 적은 뒤에는 마지막으로 정리에 들어간다.

이제 다시 빨간 펜을 꺼내자. 파란 펜으로 키워드를 적는 과정이 사고 정리에 있어서 '정보를 정리하는 단계'였다면, 지금부터 할 빨간 펜 과정은 후반의 '생각을 모은다'에 해당한다. 이번 책을 읽은 목적이 유사시에 나타나는 인간 행동의 본질을 파악하는 것이므로 다음과 같은 표현으로 간단하게 문장의 틀을 만들어 보자.

유사시에 사람은 ○○가 된다(한다).

이런 식으로 우선 20자의 골격을 대충 생각해 두자. 그런 다음에는 적어 놓은 키워드를 빨간 펜으로 정리해 나가자. 예를 들어 정리하는 요령은 다음과 같은 세 가지다.

· 같은 뜻의 말에 ○을 치고, 선을 이어 간다.
· 비슷한 말을 찾아서 몇 개로 그룹화해 본다.
· 여러 개의 말에 공통된 키워드를 생각해서 빈 공간에 기입해 둔다.

이런 작업을 거치면서 목적 달성으로 이어지는 말을 모은다. 이때 중요한 포인트는 빨간 펜으로 '잇는다', '둘러싼다'와 같은 동작을 하면서 생각한다는 것이다. 왜 이렇게 하느냐면, 머리로만 사고를 완전히 정리하는 것은 어지간히 훈련되지 않은 이상 쉽지 않은 일이기 때문이다. 보통 사람에게는 그런 고도의 사고 정리 능력이 없다. 종이를 보고 빨간 펜으로 키워드를 이으면서 생각을 정리해 가는 편이 머릿속으로만 어떻게든 해 보려는 것보다 훨씬 효과적이다. 이런 효과에 대해서는 실제로 해 보지 않고서는 알 수 없으므로 설명을 읽고 난 뒤에 반드시 직접 시도해 보기 바란다. 참고로 색을 바꾸는 이유는 시각적으로 보기 쉽게 하기 위해서다.

한 줄 20자로 정리한다

자, 어느 정도 생각이 정리되었으면 아랫부분의 '1P?' 칸에 빨간 펜으로 한 글자씩 채워 보자. '1P?'란 '1Phrase?'로, '한 마디로 정리하면?', '한 줄로 말하면?', '20자 정도로 말하면?'이라는 뜻이다. 실제로는 전부 23칸으로 3칸은 여분이다.

여기서도 포인트는 제약이다. 미리 이 이상의 글자 수를 넘기지 않겠다고 마음먹자. 그리고 내가 정리한 것이 과연 20자 안팎으로 정리되는지는 실제로 기입해서 확인해 보자. 물론 처음에는 글자 수 안에 들어맞지 않을 때가 많겠지만 상관없다. 나 역시 토요타 신입 사원 시절에는 그랬다. 질보다는 양이라는 생각으로 당장은 반복해서 이런 제약을 두고 시도해 보아야 한다.

[DATE] 11/11 **[THEME]** 살아남는 판단, 살아남지 못하는 행동		P?

파란색 펜으로 기입하고 빨간색 펜으로 정리한다

릭 레스콜라 안전 요원

공포를 이기기
위해서는? =준비

비상시=
패닉 〈 예의 바르게

살아날 가능성=희망
▶ 행동의 원천에

뇌를 work=
반복해서 연습

습관

부인 ▶ 사고 ▶ 행동

익숙하지 않은 환경=
수동적, IQ 떨어진다

연습=순서의 중요성

1P?→	유	사	시
평	소	의	습
행	동	한	다

빨간 펜으로 정리한다

스트레스를 극복하는 최상의 방법	수마트라 쓰나미 · 랑기섬 흔들리다 ▶ 높은 건물로
호흡으로 조절	마비=아무것도 하지 않게 된다
탈 · 부인=자신 · 자존심	8개의 P
대량 〈 하나뿐인 교훈	원제 The Unthinkable

에	사	람	은
관	대	요	안
20			

10장 정도 써 보면 20자 안팎이라는 분량이 어느 정도인지 파악할 수 있고, 차츰 20자 안에 정리할 수 있게 된다. 그러다가 20장을 넘어서면서부터 20자 안팎으로 요약하는 일이 즐거워진다. 여기까지만 오면 그 다음은 스스로의 의지로 30장, 50장 계속 써 나갈 것이다.

궁극적으로는 이러한 프레임워크를 쓰지 않고 머릿속으로 요약할 수 있는 수준을 목표로 한다. 앞에서 이렇게 하는 것은 대단히 지적 수준이 높은 행위라고 했는데, 상당한 훈련이 쌓여야만 가능하다. 그래서 20자 공부법을 반복하면 지적 수준이 크게 향상된다.

또 연습을 하면 할수록 책을 읽은 뒤가 아니라 책을 읽으면서 바로바로 간단한 20자 정리를 할 수 있게 된다. 고생 끝에 낙이 온다고, 귀찮은 일을 반복해야만 원하는 스킬을 얻을 수 있다. 그리고 일단 스킬을 습득하고 나면 숨 쉬듯이 자연스러워진다. 전혀 귀찮지가 않다.

거듭 강조하지만 겨우 종이 한 장만 쓰면 된다. 다른 스킬과 비교하면 부담감이 적다. 종이 없이 하던 일을 종이 한 장에 하고, 그러다가 다시 종이 없는 세계로 나아가는 것이다. 종이에 쓰지 않고도 사고를 정리하는 고차원적인 학습 능력에 필히 도전해 보기 바란다.

갑자기 20자 안팎으로 정리할 자신이 없다면 처음에는 파란 펜으로 기입하고 나중에 빨간 펜으로 스스로 수정하자. 도저히 20자로 줄이지 못하는 사람은 구체적으로 다음 3개의 질문을 통해 더 압축시켜 보자.

· 더 짧은 다른 말로 바꿀 수 없는가?

· 말의 어순을 바꿔서 더 단적으로 표현할 수 없는가?

· 수식 어구를 줄이거나 보충해서 더 이해하기 쉽게 할 수 없는가?

이러한 방식으로 스스로 빨간 펜으로 수정해 보기 바란다. 이렇게 하면 '나중에 빨간 펜으로 수정할 수 있으니까 괜찮아'라는 여유가 생겨서 더 편하게 '1P?'를 기입할 수 있다.

여러 권의 책을 통해 본질에 접근하는 한 줄 20자 공부법

20자 공부법의 또 다른 예를 살펴보겠다. 이번에는 좀 더 직접적으로 비즈니스에 관한 주제를 다루고자 한다. '전략의 본질을 파악하기 위함'이라는 목적을 갖고 여러 책을 읽었을 때 쓴 한 장 프레임워크다.

개인 기업가로서 어떤 사고방식을 갖고 전략을 세워야만 오랫동안 사업을 지속하고 확장할 수 있을까? 이런 생각에서 다양한 경영서와 비즈니스 서적을 읽고 연구했던 때가 있었다. 교재도 많이 읽고 세미나에도 여러 번 참석했다. [2-7]은 그 주제로 작성한 20자 정리의 틀이다.

이것은 특정한 책 한 권에서 뽑아 만든 '한 장'이 아니라는 사실을 이해해 주었으면 한다. 다양한 서적과 인터넷 강의, 교재, 세미나 등에서 얻은 것들을 통해 내 머릿속에는 '전략이란 무엇인가?'라는 질문에 대한 다양한 키워드가 저장되어 있다. [2-7]은 그것들을 무작위로 적은 것이다.

이처럼 책 한 권이나 한 번의 세미나에서만 키워드를 끄집어내야 한다는 규칙은 없다. 목적 달성이 최우선이므로 여러 책이나 교재 이외의 콘텐츠, 세미나, 인터넷 강의 등을 종합해도 학습을 하는 데에는 전혀 문제가 되지 않는다. 이렇게 능동적으로 사고를 정리하고 지식과 정보를 소화하는 자세가 중요하다. 언제까지나 기억할 수 있고 나중에 업무에 활용할 수 있는 지식과 정보를 자꾸 축적해야 하므로 이러한 학습 방식에 익숙해지자.

[2-7] 여러 권의 책을 읽고 사고를 정리한다 (전략의 본질을 파악한다)

[DATE] 11/11 [THEME] 전략이란?		P?	
다툼을 줄인다		고가화	
제갈공명 =마속을 버리다		차별화	
사람= 예) 닛산, 오크카가구		코스트 리더십	
록인 예) au 15년 이상		진입 장벽을 어떻게 높일까?	
1P?→	전	략	이
도	그	객	이
스	템	안	든

개인 사업가에게 유익한 전략의 본질을 파악하기 위함	
흉내 낼 수 없다	시스템 형성
일본 기업은 잘 못함	자원 분배
포지셔닝 vs 케이퍼빌리티	신속히 시행한 측이 승리
상대적으로 결정되는 것	독자의 강점을 정의

란	ㄹ	가	라
사	주	는	시
기			

20

유일한 대답이 아니라
자기 나름의 대답을 목표로 하면 된다

앞서 제시한 '한 장'에 정리한 키워드를 통해서 나는 다음과 같은
한 줄을 썼다.

전략이란, 고가라도 고객이 사 주는 시스템 만들기

20자라는 규칙을 지켰다. 조금 더 줄이면 아래와 같이 된다.

전략=고가라도 고객이 사 주는 시스템 만들기

이렇게 하면 기호를 포함해서 19자다. 이런 식으로 기호를 활용해

서 글자 수를 줄일 수도 있다. 문장을 수정할 때 쓸 수 있는 아이디 어다.

앞선 사례를 통해서 독자 여러분이 깊이 이해해 주었으면 하는 점이 있다. 대전제인 '전략이란?'이라는 질문에 답할 수 있는 정의가 수없이 많다는 사실이다. 이 사례뿐 아니라 조금 전에 다루었던 '유사시에 보이는 인간 행동의 본질'도 마찬가지다. 유일무이한 정의는 존재하지 않는다. 그런데도 '유일무이한 정답'에 집착하면 결코 20자로 정리할 수가 없다. 부디 착각하지 말기를 바란다.

중요한 것은 '목적 달성'에 도움이 되는가이다.

왜 내가 '전략=고가라도 고객이 사 주는 시스템 만들기'라고 정리했냐 하면, 내 자신이 개인 사업가이기 때문이다. 개인 사업가란 말 그대로 혼자서 사업을 이끌어 가야 한다. 직원이 없기 때문에 내가 고객에게 분배할 수 있는 시간은 하루 최대 8시간 정도다. 따라서 담당할 수 있는 고객의 수도 시간적인 제약 때문에 숫자가 한정될 수밖에 없다.

시간이 제한되어 있고, 담당할 수 있는 고객도 한정되어 있다. 이런 상황에서도 매달 내가 목표로 하는 매출을 달성하기 위해서는 내가 제공하는 상품과 서비스가 고객 입장에서 다소 가격이 높더라도 가치를 인정하고 흔쾌히 구매할 수 있도록 만들어야 한다. 자원이 제한된 개인 사업가(혹은 중소기업)에게 전략의 본질은 '고가라도 고객이 사 주는 시스템 만들기'에 있다는 것이 내 생각이다.

이처럼 어떻게 정리해야 실질적으로 도움이 될지는 각자가 처한 상황에 따라 다르다. 내가 대기업에 몸담았던 시절에는 이런 식으로 정리했다고 해도 별 쓸모가 없었을 것이다.

모든 것은 목적에 달려 있다. 다시 한 번 53페이지의 굵게 표시한 메시지를 보자.

'목적은 단적인 사고 정리를 실현하기 위한 구심점인 셈이다.'

이 메시지를 다시 보면서 20자를 넘겼다는 사실을 깨달았다(24자). 마침 좋은 재료를 만났으니 이것으로 연습해 보자. 당신이라면 어떻게 글자 수를 줄일 수 있겠는가? 글자 수를 줄이기 위한 3가지 질문을 다시 떠올려 보자.

· 더 짧은 다른 말로 바꿀 수 없는가?

· 말의 어순을 바꿔서 더 단적으로 표현할 수 없는가?

· 수식 어구를 줄이거나 보충해서 더 이해하기 쉽게 할 수 없는가?

이렇게 해 보면 어떨까?

목적은 단적인 사고 정리를 실현하기 위한 구심점

이렇게 해서 20자까지 줄였다. 아니면 말의 어순을 바꾸어 보자.

단적인 사고 정리를 위해서는 목적이 필수다.

18자가 되었다. 마지막으로 표현을 좀 다듬어서 더 알기 쉽게 해 보자.

목적은 심플한 사고 정리를 실현하기 위한 열쇠다.

여전히 20자 안에 들어온다. 앞서 나온 문장들 가운데 당신이 기억하기 쉬운 것으로 선택하면 된다. 중요한 점은 이것이다.

저자가 아니라 나에게 친근한 표현을 우선시한다.

이렇게 함으로써 보다 익숙한 표현의 20자 문장으로 정리할 수 있다. 이쯤에서 생각해 보면 당연한 말이지만, 저자의 어법이나 표현보다는 내가 쓰는 말을 우선시해야 한다. 그러면 '과연 이 말을 선택하기를 잘했나?'라고 생각해 볼 기회를 갖게 되고, 사고 정리를 더 잘하는 계기가 되기도 한다.

'허용되는 말의 범위에 들어 있는가?', '원문의 뜻을 지나치게 손상

하지는 않았는가?', '그래도 실제적으로 바꿔 말하는 편이 기억하기 쉽고 사용하기도 쉽지 않은가?' 등의 고민을 거치면서 당신의 사고 정리 능력과 요약 실력이 높아질 것이다.

'옳은가 아닌가'보다는
'이로운가 아닌가'를 중시하라

이쯤에서 본질이라는 말에 대해서 조금 더 생각해 보자.

본질은 결코 절대적인 진리가 아니다. 어디까지나 보편적인 상황에 들어맞을 뿐이다. 앞에서 개인 사업가를 위한 전략의 본질을 20자로 정리한 것 역시 많은 경우에 들어맞는 한 줄의 문장을 추출한 것이다. 다른 사람은 얼마든지 다르게 정리할 수 있다. 다만 내가 정리한 메시지가 많은 이들에게 깨우침을 준 것만은 사실이다.

실제로 지금까지 나는 수많은 개인 사업가들에게 '전략이란 고가라도 고객이 사 주는 시스템 만들기'라는 메시지를 소개해 왔는데, 이 메시지를 접한 대부분의 사람이 "그렇군요."라고 고개를 끄덕였고, 실제로 자신의 업무에 적용하고 있다.

"왜 지금까지 돈을 못 벌었는지 잘 몰랐습니다."

"무엇을 중요시하면서 사업을 해야 할지 이제야 분명해지네요."

이런 말을 들으면 나도 기분이 좋아진다.

단적인 표현으로 정리하면 주변 사람들과도 손쉽게 공유할 수 있다. 그렇게 남에게 도움을 줄 수 있다면 이보다 유익한 학습법이 어디 있겠는가?

'옳은가 아닌가'라는 진리 탐구의 학습관으로는 언젠가 막히고 만다. 우리는 비즈니스를 하는 사람들이므로 그보다는 '나 자신이나 주변의 동료, 고객에게 도움이 되는가'라는 판단 기준을 우선시하자. 그렇게 하면 20자만으로 충분하다는 체험을 계속 늘려 갈 수 있다.

업무에 활용하려면 진리 탐구보다는 본질 탐구다.

20자로 메시지를 정리하는 작업이 힘들 때면 이 20자로 기운을 회복하기 바란다.

한 줄로 정리하면서
교양을 쌓는다

앞서 두 가지 실례를 살펴보면서 이미 눈치 챈 독자가 있을지도 모르겠다. 언제까지나 기억할 수 있도록 머릿속에 입력하는 것은 이 공부법의 여러 가지 장점 중 하나에 지나지 않는다는 점이다. 그 외에도 현상의 본질을 파악할 수 있다든지, 남에게 도움이 된다는 것 등 여러 가지 장점이 있다.

그중에서도 이번에는 교양을 쌓을 수 있다는 장점에 초점을 맞추어 한 가지 예를 더 소개하고자 한다. '세계 역사의 본질을 파악하기 위함'이라는 목적을 갖고 만든 20자 공부법의 한 장 프레임워크다.

서점가에서는 불규칙적으로 교양 붐이나 역사 붐이 일어난다. 몇 년에 한 번은 이 분야에서 베스트셀러가 탄생하고 그때마다 많은 사람이 거기에 열중한다. 그러면서 이렇게 읊조린다. "아, 좀 더 교양 있는 사람이 되어야 하는데……."

이 책을 읽는 독자들 중에도 교양을 쌓고 싶다는 희망을 가진 분이 많을 것이다. 교양의 정의는 다양하지만, 역사에 정통한 것도 그중 하나다. 그렇다면 역사에 정통하다는 것은 무슨 뜻일까?

국내 역사와 세계사의 교과서 내용이 어느 정도 머릿속에 들어 있다는 양적인 정의도 있을 수 있지만, 자세한 지식보다는 큰 역사의 흐름이나 확고한 역사관을 갖춘 질적인 부분에 중점을 둘 수도 있을 것이다.

80~81페이지의 표 [2-8]을 보자. '세계사의 본질은 무엇인가?'라는 주제를 다룬 한 장 프레임워크다. 누구나 흥미를 가질 만한 주제라고 생각한다. 결론부터 말해서 내 나름대로 진행한 사고 정리를 통해 추출한 문장은 다음과 같다.

세계사는 각 민족의 대립과 융합의 연속이다.

딱히 어떤 한 권의 책을 읽고 얻은 문장이 아니다. 여러 권의 책을 읽으면서 쌓인 생각들이 이 문장으로 집약된 것이다.

과거에는 이런 생각을 하지 못했다. 최근 들어 유럽에서 이민을 제한해야 한다는 목소리가 커지고, 미얀마에서 로힝야족 문제가 불거지

며, 이라크의 쿠르드족이 자치 정부를 세우려 하면서 내부 갈등이 커지고 있다는 국제 뉴스를 접하면서 세계사를 곱씹어 보자, 이런 결론에 다다랐다. 근대에 일어난 두 번의 세계 대전도 결국에는 민족 간의 갈등이 불씨가 되었고, 인류의 역사 속에서 일어난 수많은 전쟁이 민족 분쟁이 원인이었다. 그리고 이러한 민족 간의 갈등이 오늘날까지도 인류의 평화를 위협하고 있다.

한편으로 생각하면 민족 간의 분쟁이 결국에는 새로운 문명이 탄생하는 시발점이 되기도 했다. 각 민족이 자기들의 터전에서 고립되어 있었다면 이종(異種) 결합을 통한 발전은 없었을 것이다. 따라서 민족의 갈등과 융합은 인류의 비극인 동시에 세계사를 이끌어 온 원동력이었다는 결론에 이른 것이다.

어떤가? 이렇게 많은 것을 한꺼번에 설명할 수 있는 본질을 드러내는 한 줄을 파악하는 공부란 얼마나 즐거운가? 게다가 이 한 줄을 만드는 과정에서 더 깊이 이해하게 되고, 설명의 수준을 높이게 되며, 본질의 적용 범위를 스스로 정하는 동시에 다른 정보를 가져다가 자세히 공부하게 된다. 이런 방법으로 역사를 공부하면서 그냥 암기만 하지는 않을 것이다. 교양을 쌓고 싶다는 바람을 가진 사람이라면 이러한 '한 줄'을 많이 저장해 두는 것이 좋지 않을까?

[DATE] 11/11 [THEME] 세계 역사의 　　　　　 본질이란 무엇인가?		P?	
원생 인류가 지구의 각 지역으로 퍼져 나감		환경과 풍토에 따라 흑인, 황인, 백인으로 분화	
부족의 단위가 커지면서 민족을 형성		고유한 문화와 언어	
지배 민족과 피지배 민족의 융합		혼혈인의 탄생	
두 번의 세계 대전은 민족 분쟁이 시발점		이스라엘과 아랍의 대결	
1P?→	세	계	사
의	대	립	과
속	이	다	

세계 역사의 본질을 파악하기 위함	
고립된 지역에서 부족을 형성	부족 간의 투쟁과 합병
알렉산드로스의 동방 원정	동양과 서양의 조우
몽골 칭기즈 칸의 유럽 진출	라틴인과 게르만인, 슬라브인의 대립
오늘날에도 이민 문제로 갈등	민족이란 무엇인가?

는	각	인	족
유	합	의	연
20			

※ 위 내용은 한국어판을 위해 편집자가 작성한 것이다.

왜 지금
교양을 쌓아야 하는가?

앞선 사례에서 교양에 대해 다루었으니, 이참에 조금 개인적인 의견을 말하고자 한다.

교양이란 무엇인가? 내 대답은 '교양이란 자유로운 인생을 살기 위해서 배우는 것'이다.

앞으로 20자 공부법을 익혀 나가면서 당신은 간단한 말로 정리하는 힘을 계속 기를 수 있다. 또한 그 힘은 사물의 본질을 파악하는 힘을 동시에 길러 준다. 본질을 파악하면 많은 일을 같은 방식으로 다룰 수 있기 때문에 세계관이나 인간관, 인생관 등이 점점 확고해진다. 나는 교양을 익히는 이유가 이처럼 확고한 세계관과 인간관, 인생관을 형성하기 위해서라고 생각한다.

원래 교양이란 Liberal Arts를 번역한 말이다. 자유롭게 살아가기 위한 기술이 곧 교양이다. 자유롭게 살아가기 위해서는 확고한 세계관과 인간관 그리고 '나는 이렇게 살겠다'는 인생관이 필요하다. 이렇게 이해하면 '교양'이라는 말의 뜻이 분명해진다.

지금까지 내가 만나 온 사람 중에 제법 교양을 갖춘 사람들은 언행 하나하나에도 자신감이 넘쳤다. 그들은 지적 호기심을 채우기 위해 노력하는 가운데 자기도 모르는 사이에 세계관과 인생관이 형성되었을 것이다. 자기 나름대로 여러 부문에서 본질을 파악했기에 의사 결정을 해야 하는 수많은 상황에서 실수 없이 결단을 내릴 수 있었고, 비즈니스에서도 성공을 거두었을 것이다. 그 결과, 굳이 세세하게 설명을 듣지 않아도 단 한 마디로 이해하는 여유를 갖게 되었을 것이다. 이렇게 행동할 수 있는 사람이야말로 교양 있는 사람이 아닐까?

나는 교양 있는 사람의 특징을 이렇게 정리한다.

교양인은 자신의 정체성을 알고 본질을 파악한다.

이것이 자유롭게 인생을 살아가는 교양인의 조건이라고 생각한다. 독자 여러분의 생각은 어떤가?

20자 공부법의 프레임워크는 매우 간단하다. 그래서 누구든지 이 학습법을 통해 본질에 다가가는 탐구를 할 수 있다. 따라서 20자 공부법은 교양을 얻는 획기적인 형태의 학습법이라 할 수 있다. 본질적인 한 줄을 매일 발견해 가는 훈련은 확고한 세계관과 인생관을 획득하는 Liberal Arts 그 자체다.

교양을 쌓고 싶다고 생각하는 사람은 양적인 것에 집착하기 쉽다. 하지만 정보에 손쉽게 접근할 수 있고 AI(인공 지능)까지 등장한 이 시대에 양에 연연하는 학습의 필요성은 점점 줄어들고 있다. 중요한 점은 수많은 현상에 들어맞는 단순한 본질을 엄선해서 파악하는 것이다. 이 점에 신경 써서 공부하지 않으면 확고한 자신의 중심을 형성하지 못하고 쓸모없는 지식을 많이 입력하는 것으로 끝나 버린다. 나 역시 아직 갈 길이 멀지만, 함께 '한 장'을 써 내려가면서 본질을 파악하는 교양인이 되기 위해 노력하자.

output

한 줄로 정리하고
한 줄로 설명하라

" 앎이란

설명할 수 있는 수준에 이르는 것이다."

Chapter 3

설명 잘하는 직장인은
몸값이 다르다

남이 물어볼 때 설명할 수 있어야 진짜 아는 것이다

「Part 1 첫 번째 비법 : INPUT(입력)」에서는 머릿속에 정보를 효율적으로 저장하는 공부법에 대해서 다루었다. 이제 Part 2에서는 주로 출력(output)에 관해서 다룰 것이다. 그런데 '출력'이란 게 도대체 무슨 뜻일까? 일반적으로는 안에 있던 무언가를 외부로 끄집어내는 것을 의미한다. 당신이라면 이 질문에 어떻게 답할 것인가?

Part 1에서 제시한 여러 가지 질문과 마찬가지로 이 질문에도 대답이 하나만 있는 것은 아니다. 그럼에도 많은 사람이 공감할 만큼 실용성 높은 본질적인 대답이 몇 가지 있을 수 있다. 지금까지 수많은 수강생과 의사소통을 하면서 찾은 대답 가운데 다음과 같이 18자로 정리한 문장이 있다.

'출력'이란 남에게 설명할 수 있는 것을 말한다.

일을 잘한다는 평가를 받는 직장인에게는 몇 가지 공통점이 있는데, 그중 하나가 무언가에 대해서 간단히 한 줄로 설명하는 능력이 뛰어나다는 사실이다. 광고업계에 카피라이터라는 직종이 따로 있는 것도 짧은 글귀로 상품과 서비스의 가치를 높일 수 있기 때문이다.

당신은 어떤가? 배운 것을 남이 이해하기 쉽게 설명할 수 있는가?

토요타의 성공적인 직장인은
이해하는 방법이 남달랐다

토요타에서 신입 사원으로 일하던 때였다. 당시에 매우 훌륭한 상사로부터 제대로 일을 배울 기회가 있었다. 그 상사는 한 마디로 출력하는 능력, 즉 설명하는 능력이 탁월한 사람이었다.

어느 날 부장이 갑자기 그 상사를 찾아와 물었다. "그런데 그 일은 어떻게 되었나?" 당시에 나는 곁에서 그들의 대화를 듣고 있었다. 상사는 갑작스러운 질문에도 "아, 그 건 말씀이시군요. 포인트는 세 가지입니다. 먼저 다른 부서에 확인할 사항은……."이라는 식으로 일목요연하게 요점을 설명했다.

나는 상사의 말을 듣고 정말로 깜짝 놀랐다. 왜냐하면 그 상사가 아주 이해하기 쉽게 부장에게 설명한 그 안건은 자신이 담당했던 업무가 아니었기 때문이다. 자기 업무가 아닌데도 어떻게 그처럼 일목요연하게, 아니 실제 담당자보다 더 쉽게 설명할 수 있을까? 더군다나 갑작스러운 상황이었다. 전혀 예기치 못한 상황에서 어떻게 그렇게 대처할 수 있었을까?

그 상사의 그런 업무 능력을 여러 번 목격했기에 직접 물어보았다.

"어떻게 하면 매번 그처럼 간단하게 설명할 수 있으신 거예요?"

상사의 대답은 대단히 간단하면서도 본질적인 것이었다.

"나는 늘 혹시 누군가가 물어보면 설명할 수 있도록 사물을 이해한다네."

그의 그 말은 나에게 평생 간직할 만큼 커다란 깨달음을 주었다.

상사의 그 말은 거의 30자에 가깝기 때문에 20자 안팎의 한 줄로 정리해 보자.

이해란 남에게 설명할 수 있는 상태에 이른 것이다.

이 20자의 가치를 당신은 이해하는가? 대부분의 사람은 무언가를 배우면서 보통 다음의 한 줄을 전제로 한다.

이해란 지적으로 나 자신이 충족된 상태다.

나만 알고 있으면 된다는 식이다. 이해라는 말의 정의가 자기 완결형이다. 반면에 토요타의 상사는 실제로 남에게 설명할 기회가 있든 없든 모든 사물과 현상을 남에게 설명할 수 있는 수준으로 이해했다. 이것이 바로 출력형 학습관이자 업무관이다. 지금까지 이야기한 내용의 주제를 '학습'으로 바꾸어서 다듬어 보자.

학습이란 설명 가능할 정도로 사고를 정리하는 것

Part 1에서는 기억과 본질 탐구, 교양 습득 등을 염두에 두고 학습이라는 말을 정의했다. 한편 출력을 주된 주제로 다루는 Part 2에서 가장 중요한 키워드는 '설명'이다.

1인자는 왜
질문에 답변하는 능력이 탁월한가?

이번에는 토요타가 아니라 그 이후에 근무한 한 비즈니스 스쿨에서 있었던 일화를 소개하겠다.

당시 나의 주된 업무는 각계 저명인사가 모여 패널디스커션(panel discussion, 토론에 앞서 패널 멤버들이 소정의 문제를 놓고 논의하는 자리)을 하거나 강연하는 모습을 취재해서 인터넷상에 학습 콘텐츠로 업로드하는 것이었다. 나는 이 일을 통해 매일 최신 지식을 얻는 엄청난 혜택을 누렸다. 지적 자극이 충만해지는 매우 흥미로운 일이었다. 강단에 선 사람들은 각 업계의 정상권에 있는 사람들이었는데, 하나같이 어떤 상황에서든 질문에 일목요연하게 답을 하고는 했다. 내가 토요타의 신입 사원이었을 때 신선한 깨우침을 주었던 상사 같은 사람들이었다. 질문에 대한 명쾌한 답도 그랬지만 제스처 하나하나가 이 사람은 정말 능력이 있다는 느낌을 주었다. 그 결과, 강사로 나선 이들은 청중들의 존경을 받았고 명성도 점점 높아졌다. 모두들 업계의 1인자다웠다.

그런데 도대체 그들은 어떻게 해서 그처럼 갑작스러운 질문에도 재치 있는 답변을 할 수 있었던 걸까? 그에 대한 답은 이거다. '어떤 사안에 대해 남에게 설명할 수 있을 정도로 이해하고 있기 때문이다.'

토요타 시절의 상사와 비즈니스 스쿨에서 만난 각계의 저명인사들을 보면, 결국 일 잘하는 사람들의 공통점은 설명하는 능력이 뛰어나다는 데 있다는 사실을 알 수 있다. 그래서 '출력'을 정의하는 키워드로 '설명하는 능력'을 선택했고, 다음과 같은 명제를 얻었다.

설명하는 능력이 직장에서의 평가를 좌우한다.

다른 사람이 쉽게 이해할 수 있도록 설명하는 능력을 기르면 주변의 평가가 높아진다.

Part 1에서 다룬 첫 번째 비법을 잘 훈련하면 당신은 얕고 표면적인 배움이 아니라 많은 사람들이 귀를 기울이고 싶어 하는 본질적인 지식을 많이 저장할 수 있다. 그렇게 갖춘 지식을 다른 사람에게 알기 쉽게 설명할 수 있다면 주변에서 당신을 보는 눈이 달라지지 않을까? 내가 비즈니스 스쿨에서 깨달은 것처럼 배운 것을 알기 쉽게 설명할 수 있는 사람은 확실히 매력적이다. 존경심이 우러나고 '이 사람과 일하고 싶다'는 생각이 든다. 그렇기 때문에 업계를 선도하는 존재로 설 수 있었을 것이다. 그래서 어떤 경영인들은 뛰어난 연설가라는 평가를 받기도 한다.

설명하는 능력이 직장에서의 평가를 좌우한다. 그만큼 중요하다. 인정받고 싶다는 욕심 때문에 출력형 학습에 힘쓰는 것은 추천하고 싶지 않지만, 누구나 그런 욕심을 가질 수 있다. 그래도 괜찮다. '나만 이해하면 된다'는 고정관념은 이제 버리자. 그 대신 학습이란 설명 가능할 정도로 사고를 정리하는 것이라는 출력형 학습관으로 당장 업데이트하자.

세 가지 의문사를 해결하면
설명이 쉬워진다

자, 이제 이 책에서 말하는 '출력'이 무엇인지, 남에게 설명할 수 있을 정도로 공부하는 것이 왜 중요한지 이해했을 것이다. 그러나 아직 실천 단계에 들어가기에는 이르다. 한 가지 더 중요한 질문에 합의해야 한다. '이해한다는 것은 무엇인가?'라는 질문이다.

'남에게 설명할 수 있도록 한다'는 말을 다르게 표현하면 '내 설명을 들은 상대방이 이해하도록 만든다'가 된다. 도대체 어떻게 해야 내 설명을 들은 상대방이 '알았다'고 확신할 수 있을까?

이해한다는 것은 세 가지 의문이 풀린 상태다.

이 18자가 내 나름의 사고 정리 결과다.

여기에서 다시 토요타에서 매일 종이 한 장짜리 자료를 작성하던 시절로 돌아가 보자. 당시에 나는 내가 작성한 자료에 대해 상사나 임원에게 설명할 때마다 갖가지 질문 세례를 받고는 했다. 그야말로 그로기 상태에 이를 때까지 혹독한 질문을 받았다.

시간이 조금 지나서는 일방적으로 당할 수만은 없다는 생각이 들었다. 어떤 각도에서 어떤 종류의 펀치가 날아올지 분류할 수는 없을까? 질문을 종류별로 나누면 나도 어느 정도 대응할 수 있지 않을까?

이러한 관점에서 무언가를 보고하고 연락하고 의논할 때 받는 질문을 꽤 오랫동안 연구했다. 그 결과 도달한 결론은, 이해한다는 것은 3개의 질문이 해결된 상태이며 각각 해당하는 의문사는 'What?', 'Why?', 'How?'라는 점이었다.

36페이지의 [2-1]에서 토요타 시절의 한 장 자료를 소개했는데, 이 자료의 각 항목들도 What, Why, How로 분류할 수 있다.

· 기획의 개요, 회의 결과, 현상 파악 등 = What?

· 기획의 배경, 출장 목적, 원인 분석 등 = Why?

· 예산 및 발주처, 일정, 앞으로의 대책, 대책 마련 = How?

참고로 발주처는 '어디에 발주=Where?'나 '누구에게 발주=Who?'

라고 볼 수도 있다. 그러나 크게 보면 '어떻게 실현할까?'라는 질문에 속하므로 이 역시 'How?'로 분류할 수 있을 것이다.

모든 질문은 크게 세 개의 의문사로 분류할 수 있다.

이러한 사실을 파악한 뒤 내가 작성하는 자료에 대해 항상 'What?', 'Why?', 'How?'를 적용해서 구성하기 시작했다. 그러자 이 설명 방식에 만족하는 사람이 극적으로 늘어났다. 그뿐 아니라 질문 세례를 받는 일이 점점 줄어들었다. 질문의 본질을 업무에 적용함으로써 의사소통을 효율적으로 할 수 있었던 것이다.

내가 전하고자 하는 메시지가 상대방에게 잘 전달되면 일이 술술 풀린다. 이런 일을 여러 번 경험하다 보면 점점 내 안에 어떤 생각이 자연스럽게 자리 잡는다. '어떤 생각'이란 이것이다.

늘 세 가지 의문점에 답을 하듯이 사고를 정리한다.

다른 사람에게 설명하는 상황이 생기든 안 생기든 늘 세 가지 의문점을 해결하면서 생각을 정리하는 것이다. 앞서 말한 상사로부터 배우고, 자료 작성이라는 구체적인 행위를 하면서 나로서는 이러한 사고 회로가 지극히 당연한 일이 되었다. 2장에서 설명한 대로 행위가

동반되어야 사고 회로나 습관을 쉽게 형성할 수 있다. '상사로부터의 배움×자료 작성을 통한 실천'으로 나는 이러한 출력형 사고 정리 습관을 들일 수 있었던 것이다.

실제로 이 사고 회로의 효과는 엄청났다. 우선 무엇을 이해하지 못하는지조차 모르는 일이 완전히 사라졌다. 늘 세 개의 의문에 답할 수 있으면 되었기 때문이다. 이보다 간단한 초식이 있을까? 2장의 교양을 이야기하는 부분에서 제시한 대로 탄탄한 기초는 자신 있는 행동의 밑바탕이 된다.

아는 것을
관리하라

'어디까지 알면 될까?'를 확실히 해 두면 고민이 줄어든다.

사실 안다는 것에는 끝이 없는 법이다. 예를 들면 당신은 TV 리모컨의 사용법을 알고 있다. 하지만 "이 리모컨은 어떻게 작동하는 거지?"라는 질문을 받고 그 기계적인 메커니즘을 설명할 수 있는 사람은 많지 않을 것이다. 이런 관점에서 보자면 당신은 리모컨에 대해서 완벽하게 이해하고 있는 것이 아니다. 그리고 설령 리모컨이 작동하는 메커니즘에 대해서 설명할 수 있다 쳐도 다시 "그렇다면 이 메커니즘에 따라 리모컨이 작동하는 이유는 뭐야?"라는 질문을 받으면 말문이 막힐지도 모른다. 이런 식으로 얼마든지 더 깊이 들어갈 수 있다.

이처럼 안다는 것에 끝이 없는 이상 어느 시점에서 선을 그음으로

써 우리는 그 정도의 수준에서 '알았다'고 받아들여야 한다. 나는 이것을 '아는 것의 관리'라고 부르는데, 그 경계를 찾는 데 가장 편리한 키워드가 '세 개의 의문사에 답할 수 있는 시점'이다. 그 시점에 이르면 나는 알았다고 받아들인다.

'아는 것의 범위'를 한정하자, 실제로 사고 정리를 하는 과정에서 방황하는 일이 줄어들었다. 나 스스로 알았다고 인정하는 일이 많아져서 고민하지 않고 행동에 옮기거나 설명을 잘할 수 있는 일이 점점 늘어났다. 이처럼 자신에 넘치는 행동은 앞에서 설명한 대로 주변 사람들의 평가에도 긍정적인 영향을 미친다.

출력형 학습에 어울리는 행동을 하기 위해서는 세 개의 의문사에 답한다는 이해 방법을 습관으로 만들어야 한다.

'2W 1H'를 파악할 수 있도록
이해한다

무언가를 배운다는 것은 사고 정리의 과정을 반복하는 것이다. 앞에서 다룬 '이해'라는 주제를 '학습'으로 바꾸면 다음과 같이 정리할 수 있다. '학습도 세 개의 의문에 답할 수 있도록 하면 된다.'

이러한 학습 스타일을 기본으로 삼으면 어떤 주제에 대해서 배우더라도 '이해했다'는 느낌을 가질 수 있다. 그런 다음 그 이해한 것을 그대로 남에게 설명하면 당신의 설명을 들은 사람 역시 그것을 '이해했다'고 느낄 것이다.

의문사를 세 개로 정한 데에는 특별한 이유가 있다. 그것은 사람들이 이 세 가지 의문사 중 어느 하나로 사물과 현상을 이해하기 때문이다. 어떤 사람은 'Why?'를 추구하는 것을 좋아할지도 모른다. 아니면

'What?'을 중요시해서 대량의 예나 사례 연구를 접해 보고 싶은 사람도 있을 것이다. 한편 'How?'로 이해하는 경향이 강해서 "그래서 어떻게 할 건데?", "그 다음은 어떻게 돼?"와 같은 의문을 계속해서 던지는 사람도 있다.

당신은 어떤 스타일로 사물을 이해하는가? 당신이 무언가를 배울 때면 특정 의문사에 편중되지 않는가?

자신에게 익숙한 이해 방법만으로 입력하고 출력하면 모든 사람을 이해시킬 수 없다. 그렇다고 이해하는 방법을 여러 가지 준비하라는 뜻은 아니다. 단 세 가지면 해결된다. 늘 'What?', 'Why?', 'How?'라는 세 가지 의문사에 답하면서 입력하는 것이다. 그러고 나서 그것을 그대로 출력하듯이 설명하면 특정 방식으로 이해하는 사람이라도 '전체적으로 설명을 들었다'는 느낌이 들어서 "이것으로 이제 충분히 이해했습니다."라고 말할 것이다.

실제로 체험해 보면 대단히 간단하다. 다음 장에서 다룰 '한 장'의 틀을 이용해서 당신도 꼭 체험해 보기 바란다.

마지막으로 이번 글에서 다룬 내용을 20자 내외로 정리해 보자.

학습이란 세 가지 의문사에 답하는 사고 정리다.

이제 출력형 학습의 본질을 어느 정도 파악했으리라 믿는다. 무언가를 배울 때는 그것을 적절히 써먹겠다는 생각으로 배워야 한다. 그래야만 지식의 활용도가 높아질 뿐만 아니라, 제대로 배울 수 있다. 독자 여러분이 잘 이해했다는 전제하에 다음 장에서 행동으로 옮겨보자.

Chapter 4

남을 이해시킬 만큼 설명할 수 있어야
진짜 아는 것이다

세 개의 질문에 답할 수 있으면 쉽게 설명할 수 있다

이제부터 '1시트 러닝 시스템'의 두 번째 비법에 해당하는 3Q 출력 학습법의 한 장 프레임워크를 소개하겠다.

3Q에서 Q는 3장에서 제시한 세 개의 질문(=Question)을 말한다. 자세하게 살펴보기 전에 우선 Part 1의 내용과 어떤 연관이 있는지 확인해 보자.

첫 번째 비법에서 배운 20자 공부법을 통해 당신의 머릿속에는 '요컨대', '결론적으로', '한 마디로 정리하면' 뒤에 이어지는 문장을 축적할 수 있게 되었다. 그러나 그것을 주변 사람들에게 들려준다고 해서 단순히 그 20자만으로 이해하는 경우는 드물다. 그렇다고 20자로 정리하는 것이 가치가 없는가 하면 결코 그렇지 않다. 일단 핵심을 관통하는 정리된 문장을 단적으로 제시하고 여러분의 머릿속에 간편한 키워드로 본질을 입력하도록 하는 역할을 하기 때문이다.

3장에서는 세 개의 질문에 답하듯이 설명할 수 있으면 된다고 했다. 이를 한 장의 종이에 정리할 수 있는 프레임워크로 만든 것이 이제부터 소개하는 3Q 출력 학습법의 프레임워크다. 구체적으로는 108~109페이지의 [4-1]과 같은 표를 채우는 방식이다.

3Q 출력 학습법의 가장 중요한 포인트는 '1P?(Phrase)' 주변에 배치한 세 개의 의문사다. 여기에 '3개의 Question'을 해결한다는 뜻을 담아 3Q 출력 학습법이라고 부르는 것이다. 'Q1?', 'Q2?', 'Q3?'의 각 프레임에는 'What?', 'Why?', 'How?'와 관련된 질문이 들어간다.

110페이지의 [4-2]는 필자의 네 번째 저서인 『종이 한 장! 마쓰시타 고노스케』(마쓰시타 고노스케는 일본에서 '경영의 신'이라고 불리는 전설적인 경영인이다. 파나소닉의 전신인 마쓰시타 전기를 창업했다)를 교재로 진행한 워크숍에 참여한 수강생들이 만든 3Q 출력 학습법의 한 장 프레임워크다. 첫 번째 비법에서는 서적의 사례를 중심으로 이야기했는데, 책이 아니라 세미나나 강연회를 통해 배우는 상황에도 '1시트 러닝 시스템'을 효과적으로 활용할 수 있다.

자, 이런 식으로 하루 동안의 세미나 내용을 한 장에 정리했다면 이를 어떤 식으로 설명할 수 있을까? 이어지는 내용은 수강생이 워크숍 후에 이 '한 장'을 이용해서 직장에 보고하는 장면이다.

아사다 스구루 선생의 『종이 한 장! 마쓰시타 고노스케』라는 책을 바탕

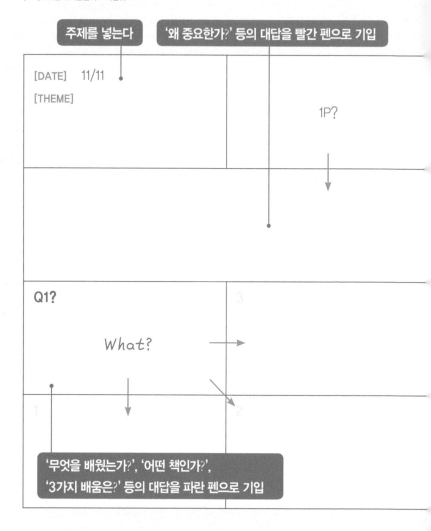

주제를 넣는다

'왜 중요한가?' 등의 대답을 빨간 펜으로 기입

[DATE]   11/11
[THEME]

1P?

Q1?

What?

3

1

2

'무엇을 배웠는가?', '어떤 책인가?',
'3가지 배움은?' 등의 대답을 파란 펜으로 기입

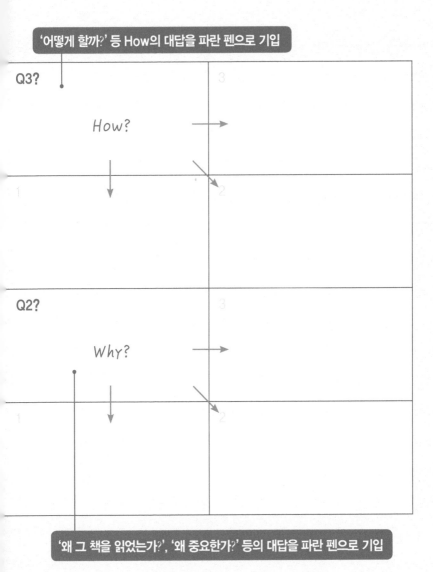

Q3?	3
How? →	
1 ↓	2
Q2?	3
Why? →	
1 ↓	2

'왜 그 책을 읽었는가?', '왜 중요한가?' 등의 대답을 파란 펜으로 기입

[4-2] 세미나의 정리 노트

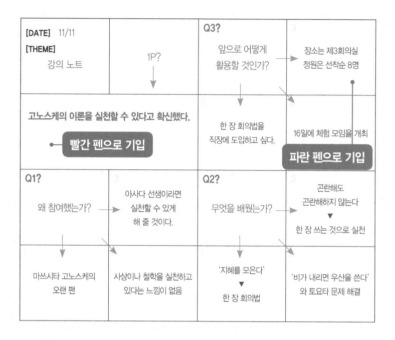

[DATE] 11/11 [THEME] 강의 노트	1P?	Q3? 앞으로 어떻게 활용할 것인가?	장소는 제3회의실 정원은 선착순 8명
고노스케의 이론을 실천할 수 있다고 확신했다. **빨간 펜으로 기입**		한 장 회의법을 직장에 도입하고 싶다.	16일에 체험 모임을 개최 **파란 펜으로 기입**
Q1? 왜 참여했는가?	아사다 선생이라면 실천할 수 있게 해 줄 것이다.	Q2? 무엇을 배웠는가?	곤란해도 곤란해하지 않는다 ▼ 한 장 쓰는 것으로 실천
마쓰시타 고노스케의 오랜 팬	사상이나 철학을 실천하고 있다는 느낌이 없음	'지혜를 모은다' ▼ 한 장 회의법	'비가 내리면 우산을 쓴다' 와 토요타 문제 해결

으로 한 세미나에 다녀온 내용을 보고하겠습니다.

먼저 세미나에 참여한 감상을 말씀드리겠습니다. 이번 세미나를 통해 저는 태어나서 처음으로 마쓰시타 고노스케의 명언을 실천할 수 있다는 용기를 얻었습니다.

이 세미나에 참여한 이유는 세 가지입니다.

첫 번째 이유는 제가 마쓰시타 고노스케의 엄청난 팬이자 애독자이기 때문입니다. 그럼에도 그의 사상이나 철학을 업무에서 실천하고 있다는

남을 이해시킬 만큼 설명할 수 있어야 진짜 아는 것이다

느낌이 전혀 들지 않았습니다. 그래서 어떻게든 그의 가르침을 실행에 옮기고 싶었던 것이 두 번째 이유입니다. 마지막으로 실천적인 비즈니스 스킬을 전하는 데 정평이 나 있는 아사다 스구루 선생이라면 이러한 저의 고민을 해결해 주지 않을까 생각했습니다.

다음으로 구체적으로 무엇을 배웠는가 하는 점에 대해서는 크게 세 개의 명언에 초점을 맞추었습니다. 첫 번째는 '지혜를 모은다'는 고노스케의 명언인데, 이 명언을 통해 회의 자료를 한 장에 정리하는 아사다 선생의 독자적인 기법에 대해서 배웠습니다. '비가 오면 우산을 쓴다'는 명언 역시 고노스케가 남긴 명언입니다. 이 명언을 토요타의 문제 해결 방식과 비교한 가르침을 받고는 큰 감명을 받았습니다. 세 번째는 '곤란해도 곤란해하지 않는다'는 명언입니다. 이 명언은 긍정적인 사고의 중요성을 말해 줍니다. 그렇다면 어떻게 긍정적인 사고를 가질 수 있을까요? 이 또한 종이 한 장만 쓰면 된다는, 믿을 수 없을 정도로 간단한 방법으로 습관화할 수 있다는 사실을 알았습니다.

마지막으로 이번에 깨달은 것들을 앞으로의 업무에 어떻게 살려 나갈지에 대해서 정리해 보겠습니다.

저는 우리 회사에서도 한 장 회의법을 도입할 것을 추천하고자 합니다. 구체적으로는 다음 주 16일에 한 장 회의법 체험회를 개최합니다. 장소는 제3회의실이며 정원은 선착순으로 최대 8명까지입니다. 한 번 체험하면 누구나 실행할 수 있으므로 많이 참가해 주시기 바랍니다.

이상으로 보고를 마칩니다.

어떤가? 자신의 체험과 깨달음을 쉽게 설명하고 그것을 나누고자 하는 직장인이야말로 '이해하기 쉽게 설명하는 사람'이자 '우수한 인재', '일 잘하는 사람'이라고 부를 수 있지 않을까? 3장에서 설명한 대로 이 정도 수준의 설명만 할 수 있어도 주변의 평가가 점점 좋아질 것이다. 이러한 출력 능력을 당신도 갖고 싶지 않은가?

세 개의
의문문을 만든다

이제부터 3Q 출력 학습법의 프레임워크에 대해서 자세하게 살펴보자. 이번에는 세미나 수강을 예로 들겠다.

우선 확인해 주었으면 하는 점은 [4-2]의 Q1?, Q2?, Q3? 프레임에 쓴 세 가지 의문문이다.

· Q1 : 왜 참여했는가?

· Q2 : 무엇을 배웠는가?

· Q3 : 앞으로 어떻게 활용할 것인가?

이 질문들은 적당히 만들어 낸 것이 아니다. 각각의 질문에 영어 의문사를 대입하면 다음과 같다.

· Q1 : 왜 참여했는가? [Why]

· Q2 : 무엇을 배웠는가? [What]

· Q3 : 앞으로 어떻게 활용할 것인가? [How]

[4-1]과 달리 [4-2]는 순서가 Why-What-How로 되어 있다. 의문사의 순서는 바뀌어도 상관없다. 오히려 다양한 순서로 배열해 보고 어느 것이 최선인지를 검토해 보기 바란다. 해보면 해볼수록 이 세 개의 의문사에 친근감이 생길 것이다.

핵심은 What?, Why?, How?라는 세 개의 의문문을 해결할 수 있도록 사고를 정리하는 것이다. 이 세 개의 의문이 해결되면 충분히 설명할 수 있는 수준이 되지 않겠는가?

각 질문에 대한 대답을 채우는 칸은 세 개씩 준비되어 있다. 하나의 질문에 대해 5~10개씩 너무 많은 키워드로 설명하면 상대방은 다 이해하지 못한다. 스스로 전체적인 이해를 하기에도 힘들다. 그렇기 때문에 '굳이 3개로 줄인다'는 제약을 두는 것이다.

모든 것은 당신의 설명 능력(=출력 능력)과 직접적으로 연관되는 사고 정리 능력을 기르기 위한 것이다. 이처럼 제약을 두는 방식은 첫 번째 비법 때와 완전히 동일하다.

질문에
대답한다

What? Why? How?를 적용한 질문이 정해지면 그 질문에 답을 하는 과정에 돌입한다. 20자 공부법과 마찬가지로 1P?는 빨간 펜으로 적고, 각 질문에 대한 대답은 파란 펜으로 기입하자.

그런데 실제로 세미나에 참여하고자 한다면 수강하기 전에 왜 참여하려는지에 답하면서 목적을 분명히 하자. [4-3]처럼 Q1?에 답을 쓰자.

왜 목적을 명확하게 해야 하는지에 대해서는 첫 번째 비법에서 그 이유를 설명했기 때문에 더 이상의 설명은 필요하지 않을 것이다.

Q1이 확정되면 세미나를 수강한다. 수강을 하면서 메모하는 방법은 두 가지 유형 중 하나를 택하면 된다.

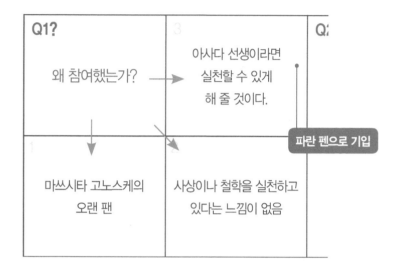

하나는 단순히 노트에 메모하는 것이다. 늘 하던 대로 노트에 적었다가 수강한 뒤에 3Q 출력 학습법의 프레임에 기입하기 바란다.

또 하나의 수강 스타일은 첫 번째 비법과 조합하는 것이다. 즉, 20자 공부법의 프레임워크를 채우면서 수강한다. 3Q 출력 학습법과는 별도로 또 한 장의 20자 공부법 프레임워크를 메모용으로 준비해서 기입하는 것이다.

다만 20자 공부법 프레임워크를 활용할 경우에 P?는 빈칸인 채로 두어도 상관없다. 굳이 쓰자면 '3Q 출력의 틀을 완성하기 위해서'라고 해야겠지만, 쓰지 않아도 무방하다. 3Q 출력 학습법의 틀을 작성하면 목적이 명확해지므로 여기는 빈칸으로 두어도 상관없다.

이와 같은 사전 준비를 마친 뒤에 강의를 듣자. 그리고 강사가 목적을 달성하는 데 도움이 될 것 같은 키워드를 이야기하면 메모용으로 준비한 20자 공부법 프레임워크의 중간 프레임 부분에 파란 색으로 메모하면 된다.

이 과정에서 가장 중요한 점은 강사가 강조하는가 아닌가 하는 것보다는 목적 달성에 도움이 되는가 아닌가를 최우선해야 한다는 점이다. 목적을 달성하지 못하면 수강의 의미가 없기 때문이다. 투자한 돈도, 시간도, 에너지 또한 낭비하게 된다. 때문에 목적 달성과 무관한 이야기는 쓸 필요가 없으며 이런 식으로 수강할 때만이 16개 정도의 빈칸에 생각을 정리할 수 있다.

이러한 학습 방법은 익숙해질 때까지 시간이 조금 걸린다. 여러 세미나에 참여하면서 그때마다 훈련해 보기 바란다.

한 줄 20자 입력을
완성하다

세미나가 끝나면 20자 공부법 틀을 우선 완성하자. 빨간 펜을 꺼내서 '1P?' 칸에 채울 수 있는 분량을 목표로 생각을 정리해 나간다. 그리고 20자 정도로 축약되면 그 내용을 3Q 출력 학습법 프레임워크에 있는 '1P?' 칸에 기입하자.

또한 20자 입력 형태로 만든 메모가 있으면 '1P?'뿐 아니라 'Q2 : 무엇을 배웠는가?'도 바로 채울 수 있을 것이다. 마찬가지 요령으로 'Q3 : 어떻게 활용할 것인가?'까지 기입하면 완성이다. 작업 시간은 5분에서 10분 정도를 목표로 하자.

· 한 마디로 정리하면 무엇인가?

[4-5] 20자 공부법 시트를 기초로 3Q 출력 학습법 시트를 적는다

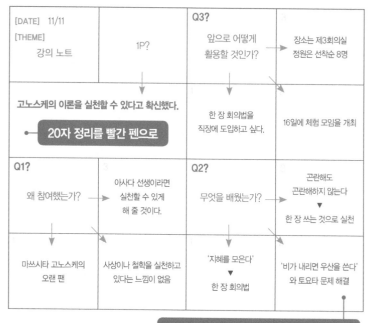

		Q3?	
[DATE] 11/11 [THEME] 강의 노트	1P?	앞으로 어떻게 활용할 것인가?	장소는 제3회의실 정원은 선착순 8명
고노스케의 이론을 실천할 수 있다고 확신했다. **20자 정리를 빨간 펜으로**		한 장 회의법을 직장에 도입하고 싶다.	16일에 체험 모임을 개최
Q1? 왜 참여했는가?	아사다 선생이라면 실천할 수 있게 해 줄 것이다.	Q2? 무엇을 배웠는가?	곤란해도 곤란해하지 않는다 ▼ 한 장 쓰는 것으로 실천
마쓰시타 고노스케의 오랜 팬	사상이나 철학을 실천하고 있다는 느낌이 없음	'지혜를 모은다' ▼ 한 장 회의법	'비가 내리면 우산을 쓴다' 와 토요타 문제 해결

수강 중 메모를 기초로 파란색 펜으로 기입

· 왜 그것을 배웠는가?

· 무엇을 배웠는가?

· 앞으로 어떻게 할 것인가?

이제 위와 같은 질문에 누구든지 이해하기 쉬운 형태로 정리할 수 있게 되었다. 종이 한 장만 쓰면 누구나 알기 쉽게 설명할 수 있는 수준에 이를 수 있다. 지금까지 읽어 본 소감은 어떠한가?

남을 이해시킬 만큼 설명할 수 있어야 진짜 아는 것이다

3Q 출력 학습법을 실천할 때는 20자 공부법과 병행하는 것을 추천한다. 그러나 너무 어렵게 느껴진다면 기존에 노트를 하는 방식으로 해도 상관없다. 어떻게 하든 자신에게 편한 방식으로 실천해 보기 바란다.

3Q 출력 학습법 프레임워크에
기입할 때의 주의점

프레임워크에 기입할 때의 포인트는 다음 세 가지다.

첫 번째 포인트는 '1P?'는 맨 처음 기입하든 마지막에 기입하든 상관없다. 앞서 말한 예에서는 미리 '1P?'가 정해진 상태에서 시작했다. 반대로 주제에 따라서는 세 개의 질문에 대답하는 과정에서 최종적으로 '1P?'가 보이는 경우도 있다.

두 번째 포인트는 '하다가 막히면 다른 프레임워크와 병행해서 극복한다'는 점이다. 예를 들면 What?과 Why?의 질문에는 쉽게 키워드를 채울 수 있었지만, How?는 도통 생각이 나지 않을 수 있다. 이럴 때는 [4-6]과 같은 한 장 프레임워크를 작성해서 상황을 헤쳐 나가면 좋을 것이다.

[DATE] 11/11 [THEME] 앞으로 어떻게 활용할 것인가?	설명회를 개최한다	정원은 8명	
직장에 적용	한 장 회의법을 실천해 본다	다른 부서와도 정리한 것을 공유	
마쓰시타 고노스케의 책을 10권 이상 읽는다	시간은 언제로?	체험한 뒤의 경험을 나누자	
업무 개선	장소는 제3회의실		

실제 예를 들어 보자. '앞으로 어떻게 활용할 것인가?'라는 주제로 표를 작성하는 것이다. 그리고 파란 펜으로 써넣은 키워드 중에서 실제로 행동에 옮길 수 있을 것 같은 사항에 빨간 펜으로 동그라미를 친다. 어느 정도 생각이 정리되면 3Q 출력 학습법 프레임워크의 'Q3' 부분을 기입하는 데 다시 도전해 본다. 기입을 끝내면 완성이다.

[4-6]의 한 장 프레임워크는 내가 지금까지 계속 소개해 온 모든 '한 장' 틀의 원형이다. 이전의 내 책을 읽은 독자들은 알겠지만, 이 프레임워크를 '엑셀 1'이라고 부른다. 엑셀 1은 생각나는 것을 하나씩 하

나씩 써 나가는 것뿐이므로 20자 공부법의 프레임워크보다는 제약이 심하지 않다. 그만큼 맘 편히 쓸 수 있어서 사용하기 편하다고 느끼는 사람도 많다. 따라서 세미나의 수강 내용을 메모할 때는 20자 공부법의 프레임워크가 아니라 이 엑셀 1을 사용해도 좋다.

마지막 포인트는 '프레임에 기입하는 것을 절대적인 것으로 생각하지 않는다'는 점이다. 수단의 목적화에 빠지지 않도록 주의하라는 뜻이다. 각 질문의 빈칸을 채워 나갈 때 "꼭 세 개를 다 채워야 합니까?"라고 묻는 사람들이 있다. 물론 세 개의 공란을 모두 채우면 좋지만, 여기에 매달려서는 안 된다. 이런 틀을 만든 이유는 대답이 네 개 이상이 되면 이해하기 힘들다는 점 때문이다. 하나든, 둘이든 세 개만 넘지 않으면 상관없다. 곧이곧대로 반드시 세 개를 채워야만 한다고 생각하는 사람이 간혹 있기 때문에 미리 말해 둔다.

무리해서 세 개를 채웠는데 오히려 설명이나 이해가 힘들어질 바에는 차라리 적지 않는 편이 낫다. 그러므로 빈칸을 다 채우지 못하더라도 신경 쓰지 말고, 이 프레임워크에 도전해 보기 바란다.

두꺼운 책의 내용을
어떻게 한 줄로 정리할까?

이번에는 책의 내용을 20자로 정리하는 것에 대해서 살펴보자. 예로 드는 책은 보스턴컨설팅그룹 등에서 경영 전략 컨설턴트로 활동한 미타니 고지의 『경영전략 논쟁사』다. 이 책은 제목 그대로 '경영 전략의 역사'를 다루고 있기 때문에 책을 읽는 목적을 '경영 전략의 본질은 무엇인가?'라는 질문에 답을 얻는 것으로 하자.

내가 이 책을 고른 이유는 비즈니스맨의 필독서라고 생각하기 때문이다. 하지만 페이지가 무려 464쪽이나 된다는 다른 이유도 있다.

보통 이 정도 분량의 책을 읽을 때 많은 사람들이 끝까지 읽어 내는 것 자체를 목적으로 삼고, 정작 중요한 '그래서 무슨 내용이었나?'라는 점을 경시하고는 한다. 분량이 많은 책은 독자로 하여금 출력형 학

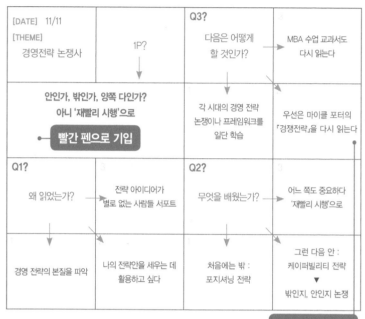

		Q3?	
[DATE] 11/11 [THEME] 경영전략 논쟁사	1P?	다음은 어떻게 할 것인가?	MBA 수업 교과서도 다시 읽는다
안인가, 밖인가, 양쪽 다인가? 아니 '재빨리 시행'으로 **빨간 펜으로 기입**		각 시대의 경영 전략 논쟁이나 프레임워크를 일단 학습	우선은 마이클 포터의 『경쟁전략』을 다시 읽는다
Q1? 왜 읽었는가?	전략 아이디어가 별로 없는 사람들 서포트	Q2? 무엇을 배웠는가?	어느 쪽도 중요하다 '재빨리 시행'으로
경영 전략의 본질을 파악	나의 전략안을 세우는 데 활용하고 싶다	처음에는 밖 : 포지셔닝 전략	그런 다음 안 : 케이퍼빌리티 전략 ▼ 밖인지, 안인지 논쟁

파란 펜으로 기입

습을 잊게 만든다. 당신도 두꺼운 책 한 권을 완독했다는 뿌듯함에 만
족했던 경험이 있을 것이다.

다른 베스트셀러를 예로 들자면, 토마 피케티의 『21세기 자본』은
820쪽이고, 유발 하라리의 『사피엔스』는 636쪽이다. 이처럼 방대한
분량의 책을 한 장 분량으로 설명할 수 있을까? 만약 설명할 수 없다
면, 당신은 과연 이 책들을 통해 배운 것을 업무에 활용할 수 있을까?
대부분의 독자가 "그렇다."라고 자신 있게 답하지 못할 것이다.

하지만 모처럼 오랜 시간에 걸쳐 한 권의 책을 읽었으니, 그냥 소비되지 않도록 3Q 출력 학습법의 프레임워크를 활용하자.

[4-7] 같은 3Q 출력 학습법 틀의 기본적인 작성 방법은 맨 처음 사례와 마찬가지다.

우선은 책을 읽기 전에 'Q1? : 왜 읽었는가?'를 채워 넣자. 여기에서는 '경영 전략의 본질을 파악하기 위해', '자신의 전략안을 짜는 데 활용하기 위해', '아이디어가 부족한 사람들 돕기 위해'라는 세 가지를 적어 보았다.

앞에서 설명한 대로 무리해서 세 가지를 쓸 필요는 없다. 하나만 써도 상관없으니, 쓸 수 있는 대로 채워 넣자.

목적이 명확해지면 평소대로 책을 읽어 나간다. 여기서도 처음의 사례와 기본적인 프로세스는 같다. 그런데 세미나 수강과는 달리 책은 20자 공부법 프레임워크에 메모하면서 읽는 것이 쉽지 않다. 따라서 독자 여러분은 일단 완독한 뒤에 20자 공부법 프레임워크를 작성해서 '1P?'를 정리하자.

『경영전략 논쟁사』는 읽기 어려운 책은 아니지만, 시간을 많이 투자해야 한다. 며칠에 걸쳐서 읽어야 하는 독자가 많을 것이다. 매번 책을 펴기 전에 반드시 3Q 출력 학습법의 목적 부분을 확인한 뒤에 읽기 시작하자. 시간이 지날수록 처음에는 명확했던 목적이 점점 애매해진다.

자, 한 번 읽었다. 이제 20자 공부법 프레임워크를 통해 '1P?'를 작성했으면 그 문장을 3Q 출력 학습법 프레임워크의 '1P?'로 옮겨서 적어 보자. 이어서 'Q2 : 무엇을 배웠는가?'도 채우자. 만약에 어렵다면 '엑셀 1'로 일단 생각을 써 본 뒤 정리하면 된다.

'Q2?'를 채웠으면 'Q3? : 어떻게 활용할 것인가?'도 채워 넣자. 채우기 힘들 때 극복하는 방법은 'Q2?' 때와 마찬가지다.

다만 '어떻게 활용할 것인가?'에 관해서는 두 가지 포인트가 있다.

· 'Q1?'에서 설정한 목적 달성에 기여하는 내용인가?

· 실제로 행동에 옮길 수 있는 수준인가?

우리는 지금 이 모든 일을 어떤 목적을 달성하기 위해서 하고 있다. 그런데도 'Q1?'의 내용과 전혀 관계가 없는 내용으로 '앞으로 어떻게 활용할 것인가?'를 채우는 사람이 의외로 많다.

'Q3?'까지 기입했으면 반드시 전체를 살펴보기 바란다. 그렇게 함으로써 질문 사이에 부족한 점이 없는지 확인할 수 있다.

이제 'Q3? : 어떻게 활용할 것인가?'에 대한 두 번째 포인트인 '실제로 행동에 옮길 수 있는 수준인가?'에 대해서 살펴보자. 이것은 앞으로 살펴볼 「Part 3 숨겨진 비법 : CONTRIBUTION(공헌)」에서 중요하게 다룰 것이므로 여기에서 확실히 설명해 두고자 한다.

내가 비즈니스 관련 서적을 쓰기 시작한 지도 벌써 5년이 지났다. 누군가 "저자로 활동하면서 안타까운 점이 있으면 하나만 들어 주세요."라고 묻는다면, 나는 이렇게 대답할 것이다.

"읽는 것에 만족하는 독자가 너무 많습니다."

소설이라면 모를까, 비즈니스 서적은 업무에 적용해야 비로소 가치가 생겨난다. 그런데도 '배우다=책을 읽다'로 끝내 버리는 사람이 대단히 많아서 모처럼 유용한 스킬을 전해 주어도 별 소용이 없는 안타까운 경우가 많았다. 지금 이 책을 읽고 있는 여러분은 '읽고 만족한다'는 생각에서 부디 '행동해서 만족한다'는 가치관으로 바꾸어 주기를 바란다.

행동으로 옮기고 싶다면
동사를 동작으로 변환하라

이번에는 책이나 세미나 등을 통해 지식을 전달하는 입장에서 생각해 보자.

사실 대부분의 책은 행동으로 옮길 수 없는 문장으로 채워져 있다. 시험 삼아 서점의 비즈니스 서적 코너에서 책을 몇 권 꺼내 읽어 보기 바란다.

목적을 의식한다.

고객의 관점에서 생각한다.

조직에 적용한다.

주인 의식을 발휘한다.

남을 이해시킬 만큼 설명할 수 있어야 진짜 아는 것이다

책임을 진다.

철저하게 생각한다.

이러한 표현은 모두 그럴듯하게 들리지만, 무엇을 해야 좋을지 불명확하다. 예를 들어 '철저하게 생각하는 것이 중요하다'고 해도 실제로 무엇을 어떻게 하라는 것인지 명확하지가 않다. 유감스럽게도 비즈니스 서적이나 교재, 세미나 대부분이 내용은 없고 구호만 가득하다. 이런 구호를 아무리 접해도 행동으로 옮기지 못하는 것이 당연하니, 독자들은 책을 읽어도 실천하지 못한다고 좌절할 필요가 없다. 행동으로 옮길 수 없는 표현을 쓰고 있는 공급자에게 문제가 있는 것이다.

배우는 쪽과 가르치는 쪽, 서로의 인식을 향상시키기 위해서라도 독특하게 표현할까 한다. 앞에서 말한 '행동할 수 없는 문장'을 나는 '동사 표현'이라고 하고, '행동으로 옮길 수 있는 수준의 문장'을 '동작 표현'이라고 한다. 이 내용을 20자로 정리하면 다음 문장이 된다.

행동으로 옮기겠다면 동사를 동작으로 변환하라.

보다 구체적으로는 다음과 같다.

- 목적을 의식한다 → 의식하고자 하는 목적이 쓰인 종이를 반복해서 읽는다
- 고객의 관점에서 생각한다 → 고객이 생각하고 느끼는 것을 100개 적어 본다
- 조직에 적용한다 → 적용하고자 하는 메시지를 매일 복창한다
- 주인 의식을 발휘한다 → 업무의 목적이나 사회적 의의를 쓴다
- 책임을 진다 → 실패로 끝났을 때 무엇을 어떻게 할지, 계약서 등에 명기해 둔다
- 철저하게 생각한다 → 한 줄로 말할 수 있을 때까지 몇 번이고 표현을 적어 본다

각자의 업무 상황이나 문맥을 고려하지 않고 무리하게 한 줄로 '동작화'시켰기 때문에 말을 조금 더 보충하거나 다른 표현을 선택해야 할지도 모른다. 하지만 이 정도로 동작 표현이라는 것이 어떤 것인지는 파악할 수 있을 것이다. '행동으로 옮길 수 있는 수준의 표현'으로 정리한다는 점에 무게를 두는 것만으로 충분하다. 우리는 학자도, 작가도 아니다. 따라서 학술적으로 엄밀한 표현이나 문학적으로 응축된 표현이 필요하지는 않다.

3Q 출력 학습법 프레임워크의 'Q3?'에 적는 'How?'의 질문으로는 대부분 '어떻게 실천할 것인가?', '어떻게 활용할 것인가?', '앞으로 어

떻게 할 것인가?' 등의 행동 방향을 적는다. 따라서 '행동으로 옮길 수 있다=동작 수준'이 되는가가 중요한 체크 포인트다.

[4-7]에서는 마이클 포터의 책과 MBA 수업의 교과서를 다시 읽는다고 적었고, 이는 충분히 행동으로 옮길 수 있다. [4-2]의 세미나를 듣고 난 뒤의 사례에서는 '16일에 체험 모임을 개최'하겠다고 적었는데, 이 역시 행동으로 옮기기 쉽다. 한편 '한 장 회의법을 직장에 도입하고 싶다'고 적은 것에 대해서는 스스로 이렇게 질문해 보아야 한다.

'구체적으로 어떻게 도입하겠다는 것인가?'

이렇게 자문함으로써 행동으로 옮길 수 있는 수준의 표현으로 구체화시켜 보자. 그런 다음 'Q3?'의 프레임을 채워 나가자.

이상 이번에는 '행동할 수 있는 수준의 구체적인 표현'과 '동사가 아니라 동작 수준의 표현'으로 작성한다는 체크 포인트를 추가했다. '동사의 동작화'는 「Part 3 숨겨진 비법」에서 아주 중요한 키워드이기 때문에 지금 단계에서 확실히 이해하고 실천해 보기 바란다.

책의 일부분에서도
목적을 달성할 수 있다

자, 이제 3Q 출력법의 다른 사례를 보자. 이번에는 제1장에서 다룬 피터 드러커의 명저 『자기경영노트』의 「제2장 자신의 시간을 관리하는 방법」으로 이야기해 보고자 한다. 이 사례는 긴 책을 한 장에 담는 것과는 다른 경우다. 모든 것은 목적 달성으로 연결하는 것이 중요하므로 책 한 권의 한 부분을 정리해도 상관없다. [4-8]을 보자.

작성 절차는 기본적으로 지금까지와 같다. 그런데 나는 이 책을 이미 몇 번이나 읽었기 때문에 내용이 머릿속에 들어 있다. 따라서 '시간 관리의 본질에 대해 다시 정리해 두고 싶다'는 생각에 이 책의 2장만 다시 읽었다. 그런 다음 '시간 관리의 본질을 파악하기 위해'라는 목적으로 20자 공부법 프레임워크를 작성했다. 그렇게 정리한 '1P?'를 이

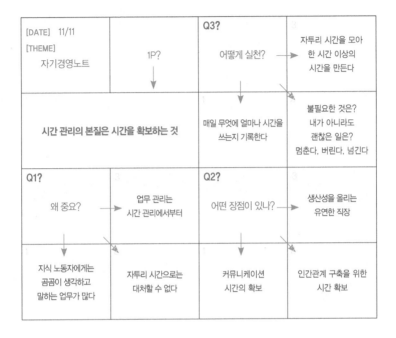

[DATE] 11/11 [THEME] 자기경영노트	1P? ↓	Q3? 어떻게 실천? →	자투리 시간을 모아 한 시간 이상의 시간을 만든다
시간 관리의 본질은 시간을 확보하는 것		↓ 매일 무엇에 얼마나 시간을 쓰는지 기록한다	불필요한 것은? 내가 아니라도 괜찮은 일은? 멈춘다, 버린다, 넘긴다
Q1? 왜 중요? →	업무 관리는 시간 관리에서부터	Q2? 어떤 장점이 있나? →	생산성을 올리는 유연한 직장
↓ 지식 노동자에게는 곰곰이 생각하고 말하는 업무가 많다	자투리 시간으로는 대처할 수 없다	↓ 커뮤니케이션 시간의 확보	인간관계 구축을 위한 시간 확보

용해서 [4-8]과 같이 3Q 출력 학습법 프레임워크를 만들었다. 이상이 이 한 장을 작성한 과정이다.

[4-2]에서처럼 'Q1?'을 채우고 시작한 것이 아니고, 책을 읽으면서 20자 공부법 프레임워크를 꼼꼼히 채운 것도 아니다. 즉, 원하는 대로 방식을 바꾸어도 상관없다는 뜻이다.

지금까지 나는 목적의 중요성을 강조해 왔지만, 실제로는 책을 읽게 된 계기가 '막연히 재미있을 것 같아서', '베스트셀러니까', '회사에서 독서 목록으로 지정해서' 등의 애매하고 수동적인 이유인 경우도 얼마든지 있다. 이럴 때는 1시트 러닝 시스템을 쓸 수 없을까? 물론 그렇지 않다. What, Why, How 가운데 자신이 중점을 두고 있는 의문사를 시작으로 편안하게 작성하면 된다. 뚜렷한 목적 없이 하게 된 독서라도 한 장으로 정리하면 더 잘 이해하고 설명할 수 있다. 사고를 정리하는 방법은 하나가 아니다. 상황에 따라 다양한 질문을 조합하면서 시도해 보기 바란다.

책을 읽은 뒤에
'출력'한 사례

피터 드러크의 『자기경영노트』 제2장을 읽고 독서회에 참가했다고 가정해 보자. 다음과 같은 프레젠테이션을 할 수 있을 것이다.

저는 최근에 피터 드러커의 『자기경영노트』라는 책을 읽었습니다. 이 책에는 일의 본질에 대해서 생각하도록 하는 내용이 많이 담겨 있는데, 저는 이번에 그중에서도 시간 관리에 대해서 다룬 제2장을 집중해서 읽었습니다. 그리고 그 부분을 읽으면서 깨달은 점을 여러분과 공유하고자 합니다.

드러커가 말하는 시간 관리의 본질을 한 마디로 정리하면 '시간을 어떻게 확보하는가'입니다. 왜 시간을 확보하는 것이 중요할까요? 우리와 같은 지식 노동자들에게는 '충분히 생각하고 신중하게 말하는 것'이 일하는 기본자세이기 때문입니다. '충분히'라는 표현대로 이러한 업무 스타일에는 아무래도 시간을 많이 필요로 합니다. 깊이 숙고해야 하기 때문에 자투리 시간으로는 도저히 커버할 수 없습니다. 그래서 지식 노동자에게는 '업무 관리'가 곧 '시간 관리'라 할 만큼 시간을 잘 관리하는 것이 중요하며, 시간을 관리해야 하는 목적은 '시간을 확보하기 위해서'입니다.

어느 정도의 시간을 확보할 수 있으면 의사소통에 충분히 시간을 들일 수 있고, 인간관계를 구축하는 데에도 많은 시간을 할애할 수 있습니다. 여러분은 이처럼 여유로운 환경에서 일하고 있습니까? 지식 노동자에게 시간 확보는 생산성을 높이는 가장 중요한 조건입니다.

이러한 사실을 깨달은 뒤로 저는 일을 하는 가운데 세 가지를 실천하게 되었습니다. 먼저 저의 스케줄을 자세하게 기록해서 어디에 얼마의 시간을 쓰고 있는지 파악했습니다. 그런 다음에는 '불필요한 것은?', '나 아닌 다른 사람이 해도 무방한 것은?'이라고 자문해서 해당되는 일은 그만두거나 포기하기도 하고 다른 사람에게 넘기기도 했습니다. 이렇게 생긴 자투리 시간을 모아서 매일 한 시간 이상을 확보할 수 있도록 스케줄을 조정했습니다.

꾸준히 이러한 사항을 염두에 두고 실천한 결과 저는 지금 비교적 여유로운 업무 환경을 유지하고 있습니다. 저는 앞으로도 이러한 일을 계속 실천해 나갈 것입니다.

혹시 예전의 저처럼 시간 관리로 고민하는 분이 이 자리에 계시다면 제 발표가 도움이 되었기를 바랍니다. 들어 주셔서 고맙습니다.

위의 글은 내가 어느 독서회에서 실제로 발표한 것이다. 이 발표를 들은 사람들은 어떤 반응을 보였을까? 그때 만난 사람들은 대부분 초면이었는데도 이렇게 말해 주었다.

"지금까지 발표한 것 중에 가장 이해하기 쉬웠어요."

"앞으로 발표할 사람이 불쌍할 정도로 수준을 높여 버리셨네요."

띠 동갑 연배의 한 참가자는 "자네 도대체 뭐하는 사람인가?"라고 묻기도 했다.

그때 나는 고작 몇 분 동안 발표를 하고는 '한 수 위의 존재'가 되었다. 독서회에 참가할 정도로 의식 수준이 높은 사람이라도 이 정도 수준의 발표를 할 수 있는 사람은 많지 않다. 바꾸어 말하면, 3Q 출력 학습법을 제대로 익히면 순식간에 범상치 않은 사람으로 인정받게 된다는 것이다.

'설명하는 능력'을 주제로 한 책이 곧잘 베스트셀러에 오른다는 사실은 그만큼 '출력'에 자신이 없는 사람이 많다는 이야기다. 설명하는 방법을 높여 주는 여러 가지 방법이 있고, 결국은 당신이 마음에 드는 방법을 택하라고 말할 수밖에 없지만, 적어도 나는 이 책에서 설명하는 방법이 최고라고 믿는다.

종이 한 장만 쓰면 되기 때문이다. 간단한 틀을 만들고, 행동으로 옮기기 쉽도록 동작화했다. 꼭 다른 스킬과 나의 '1시트 러닝 시스템'을 비교해 보기 바란다.

contribution

배운 것을 일과 돈으로
연결하는 지식 활용법

"배움과 지식은

　타인과 세상에 기여할 때 가장 빛난다."

Chapter 5

지식은 타인을 위해 써먹을 때
돈과 일로 연결된다

일의 성과를 높이는 배움이란?

대학을 졸업하자마자 토요타에 입사했던 나는 MBA를 취득할 수 있는 비즈니스 스쿨인 글로비스로 옮겼다가 서른 살이 되던 2012년에 개인 사업가로 독립했다. 올해로 벌써 7년째다.

사업의 골자는 '직장인 교육'이다. 업무에 도움이 되는 비즈니스 스킬을 향상시키는 컨설턴트이자 강사, 작가로 활동하고 있다. 지금은 국내뿐 아니라 해외에서도 나의 프로그램에 참가할 정도로 사업이 확장되었지만, 독립한 첫해에는 거의 수입이 없었다. 여기까지 오는 길이 결코 순탄하지만은 않았다.

요즘에 와서야 나는 이렇게 자문하고는 한다. 도대체 왜 당시에는 돈을 벌지 못했을까? 비즈니스에 도움이 되는 교육 사업은 당시에도 꽤 각광받고 있었는데 말이다.

사실 나는 학교에 다닐 때부터 1년에 500권 정도의 책을 읽는 활자

중독자였다. 사회에 나가서도 '연봉의 10%는 자기계발에 투자한다'는 규칙을 세우고 신입 사원 때부터 실천했다. 그리고 토요타와 글로비스에서 직장 생활을 하며 열심히 수련했다. 그러니까 내 나름 교육 사업에 관한 안목과 노하우를 갖추고 있다고 자부했다. 그래서 독립했던 것이다. 하지만 처음 독립했을 때는 월 100만 원 벌기도 힘들었다. 인재의 능력 개발과 회사 설립에 관한 지식이 충분했지만, 알고 있는 것을 업무에 제대로 살릴 수가 없었다.

'왜 당시의 나는 배운 것을 돈으로 바꾸지 못했을까?'

몇 번이나 같은 질문을 반복했다. 이 질문은 이 책을 읽는 당신에게도 그대로 적용할 수 있다.

지금까지 당신은 왜 배운 것을 업무에 활용하지 못했는가?

같은 질문에 대해서 이제부터는 이 책을 읽어 나가면서 그 이유를 당신 스스로 찬찬히 생각해 보기 바란다.

먼저 다음 페이지에 있는 [5-1]과 같이 한 장의 프레임워크를 만들자. Part 2에서 보충 수단으로 소개한 '엑셀 1'이다. 프레임을 만들고 나면 이제 아래 세 가지 질문에 답하거나 대답이 될 것 같은 키워드 후보를 파란 펜으로 적어 보자.

[5-1] 배운 것을 활용하지 못하는 이유를 알기 위한 엑셀 1

[DATE] 11/11 [THEME] 왜 일하는가?	성장하기 위해	사회 공헌	파란 펜으로 쓴다
혹독한 환경에서 경쟁하고 싶다	스펙 업	성인으로 당연	
성취감을 얻고 싶다	글로벌 인재	재미있으니까	빨간 펜으로 동그라미를 친다
돈을 벌기 위해	자기실현		

[DATE] 11/11 [THEME] 곤란한 점은?	의욕이 없는 동료가 많다	경비 낭비가 많다	시간 관리를 잘 못한다
목표가 높다	업계가 축소	연수가 부족	공부할 시간을 확보하지 못한다
야근이 많다	젊은 사람들이 쉽게 그만둔다	회의가 너무 많다	영어로 자료 작성
사장님에게 비전이 없다	좋은 사람을 채용하지 못한다	거래처 사장과의 의사소통	

[DATE] 11/11 [THEME] 배우고 싶은 것은?	업계 전문 지식 확충	영자 신문	
업계 관련 자격증	영어(TOEIC)	가상 통화에 투자	
타사의 동향	설명 능력		
실무 능력 향상	프레젠테이션 능력		

지식은 타인을 위해 써먹을 때 돈과 일로 연결된다

· 나는 왜 일을 하고 있는가?

· 요즘 일하면서 곤란했던 점은 무엇인가?

· 요즘 내가 열심히 배우고 있는 것은 무엇인가?

너무 깊게 생각하지 말고 한 장당 3분 정도의 시간 안에 가볍게 술술 써 내려가는 것이 요령이다. '무엇이 올바른가?'가 아니라, 머릿속에 떠오른 키워드를 솔직하게 있는 그대로 쓰면 된다.

마지막으로 특히 중요하다고 생각하는 키워드 3개를 골라서 빨간 펜으로 동그라미를 치자. 세 장만 쓰면 완성이다.

자, 나름대로 답을 찾아낼 수 있었는가? 이러한 주제에 대해 당신은 어떤 키워드를 머릿속에 저장하고 있는가? 혹은 그러한 키워드들에 얼마만큼 무게를 두고 있는가? 일과 업무에 대한 당신의 솔직한 생각을 들여다보고 난 뒤에 다음 페이지로 넘어가자.

수익은 누가 만드는가?
나는 누구를 위해 일하는가?

이전에 내가 방대한 시간과 예산, 에너지를 쏟아 공부했음에도 독립한 첫해에 별로 돈을 벌지 못했던 가장 큰 이유는 무엇이었을까? 그것은 지금부터 소개하는 '간단한 한 줄'에 대해 진심으로 이해하지 못했기 때문이다.

본격적으로 시작하기 전에 나의 말투에 대해서 잠깐 이야기하겠다. 나는 '진심으로 이해한다'는 뜻을 담아 평소에 '영감으로 깨닫는다'는 말을 자주 쓰는데, 이 책에서도 이 말을 자주 쓸 예정이므로 그 뜻을 이해하기 바란다.

내가 독립했을 당시 아직 영감으로 깨닫지 못했던 '간단한 한 줄'은 이것이었다.

수익이란 혼자서는 절대로 올릴 수 없는 것이다.

이 19글자를 보는 것만으로도 정신이 번쩍 들었다는 사람이 있는
가 하면, '뭐 그런 당연한 소리를 하는 거야.'라고 생각하는 사람도 있
을 것이다. 이 한 줄의 문장에 대해 더 동감할 수 있도록 자세히 설명
하고자 한다.

원래 내가 독립한 이유는 조직의 논리와 인간관계에 얽매이지 않고
내가 원하는 대로 살고 싶어서였다. 회사에, 남에게, 사회에 의존하지
않고 내 인생을 스스로 개척하면서 걸어가고 싶었다.

· 나의 장점, 좋아하는 것, 스킬을 공유하면서
· 내가 하고 싶은 방법, 스타일로, 좋아하는 환경에서
· 돈을 벌어 내가 살고 싶은 대로 산다.

한 마디로 자유롭게 살고 싶어서 독립했다. 어쩌면 당신도 마음 한
구석에 이런 생각이 자리 잡고 있을지 모른다.

그런데 가만히 살펴보라. 모든 동기가 '나'의 연속이다. 이 동기에는
'세상을 위해', '타인을 위해'와 같이 '다른 사람'이나 '세상'은 전혀 고
려하지 않고 있다. 물론 머리로는 '누군가를 돕고 싶다', '아름다운 세
상을 만들고 싶다'는 생각을 하고는 했다. '경영 이념이 중요하다', '비

전이 있어야 한다', '큰 뜻을 품지 않는 사람에게 성공은 없다'와 같은 가치도 충분히 숙지하고 있었기 때문에 이 부분에 대해서도 나름대로 생각하고 있었다. 그러나 지금 돌이켜보면 영감으로 깨닫는 수준과는 거리가 먼, 결국 구호로만 남는 수준이었다.

당시의 나는 '내가 하고 싶은 대로 하면서 살아갈 거야.'라며 자기만족과 자기실현에만 치중했다. 아마도 나뿐만 아니라 많은 개인 사업가가 직장을 떠나 독립할 때 공통적으로 걸리는 전형적인 병이 아닐까 생각한다. 이 병의 가장 무서운 점은 좀처럼 자신의 머릿속에 자리 잡은 생각의 틀에서 벗어나지 못한 채 모든 것을 '나' 중심으로 생각하게 된다는 것이다. 부끄럽게도 당시의 나 역시 이 병에 제대로 걸려 있었다.

당연한 결과지만, 이런 태도를 가지고 있는 한 주변에 사람이 모이지 않는다. 사실 당시에도 이 책의 Part 1과 Part 2에서 독자 여러분과 공유한 것들은 이미 실천하고 있었다. 다양한 주제에 대해 본질을 파악하고 머릿속에 입력했으며, 그것을 알기 쉽게 설명하는 일도 꾸준히 실천해 왔다. 하지만 블로그에 글을 올리고 이메일로 소식지를 전파하는 방식으로 매일 '출력'을 해도 독자가 늘지 않았다. 세미나를 개최해도 참가자는 제로의 연속이었다. 그런 상태가 꽤 오랫동안 지속되었다.

결국에는 자금이 바닥나서 재정적 위기가 찾아오고 나서야 나는 겨우 비즈니스의, 아니 '일'의 본질을 깊이 깨달을 수 있었다. 따지고 보면 독립 초기의 시행착오가 나를 올바른 길로 인도했던 것이다. 하지만 당시의 스트레스는 결코 권할 만한 것이 아니니, 독자 여러분은 나 같은 우를 범하지 않았으면 좋겠다.

일한다는 것에 대한
올바른 깨우침

자, 넋두리는 그만두고 다시 시작하자. 1시트 러닝 시스템의 기초가 되는 '일의 본질을 밝히는 한 줄', '일이란 무엇인가?', '일한다는 것은 어떤 의미인가?'에 대한 정의를 당신과 공유하겠다.

'일을 한다'는 것은 '주변'을 '편하게' 만드는 것이다.

이 업무관은 사회 초년생 시절에 싱크탱크인 소피아뱅크의 대표 다사카 히로시 씨에게서 들은 말이다. 물론 '주변'이란 '주위 사람'이다. 그는 주위에 있는 사람들을 편하게 해 주는 것, 그것이 일하는 것이라고 강조했다.

첫 출근을 하기 전날, 정확히 날짜를 말하면 3월 31일이었다. 지은 지 40년이 넘은 낡고 좁은 기숙사에서 나는 위에서 밝힌 한 줄의 문장을 접했다.

그날 밤 나는 사회에 첫발을 내딛는다는 기대와 불안에 휩싸인 채로 이 글을 만났다. 그 시점에 일에 대한 새로운 가치관을 불어넣어 준 이 글을 만난 것은 큰 행운이었다고 생각한다. 다만 직접 고객과 접할 기회가 없는 대기업의 직장인이었던 당시의 나는 이 문장의 의미를 '상사나 부하, 관련 부서 사람들을 조금이라도 편하게 해 주는 것'으로 받아들였다. 그래도 자존심 강하고 혈기 왕성한 20대 직장인에게 이 업무관은 결정적인 가르침을 주었고, 내가 어려움에 처했을 때 몇 번이나 도움을 주었다.

이 책을 읽는 독자들 중에는 당시의 나처럼 돈을 지불해서 상품이나 서비스를 구매하는 고객과 직접적으로 접할 기회가 없는 직장인이 많을 것이다. 그런 사람일수록 앞으로의 내용에 더욱 귀 기울여 주기를 바란다.

회사에서 월급을 받는 샐러리맨과는 달리 개인 사업가에게 '주변을 편하게 만든다'는 것은 사업적으로 매우 중요한 의미를 지닌다. 단적으로 말하면, 주변 사람을 편하게 해 준 결과로 대가, 즉 돈을 받는 것이기 때문이다. 조금 딱딱한 표현으로 말하면, '주변의 문제를 해결하거나 희망사항을 실현하도록 도와야' 비로소 수익이 발생한다고 할 수 있다.

'일을 한다는 것은 주변을 편하게 만드는 것이다'라는 말을 잘 뜯어보면 '수익이란 혼자서는 절대로 올릴 수 없는 것이다'라는 한 줄의 의미가 보다 선명해질 것이다. 비즈니스란 혼자서는 결코 성립하지 않기 때문이다.

어떤가? 아직도 '뭐 그런 당연한 소리를 하는 거야.'라고 생각하는가? 그런 독자를 위해 이번에는 숫자로 설명해 보겠다.

중소기업백서의 통계에 따르면 개인 사업가의 약 40%가 개업한 지불과 1년 만에 폐업한다고 한다. 10년 단위로 생각해 보면, 열 명 중한 명밖에 살아남지 못한다는 이야기다. 이것이 개인 사업가가 처한혹독한 현실이다. 처음 독립을 했던 당시의 나를 포함해 개인 사업가대부분은 '내가 원하는 대로 살고 싶다', '더 이상 회사 때문에 괴로워하지 않겠다'는 마음이 최고조에 달했을 때 독립한다. 독립하려면 정말로 비장한 각오와 에너지가 필요하다. 자기실현을 향한 욕구가 강력한 원동력이 된다.

문제는 독립한 후다. 자신의 비즈니스를 시작한 뒤에도 여전히 자기실현에 도취되어 있으면 아무리 시간이 지나도 돈을 벌지 못한다. 자기만족과 자기실현에 치중한 업무관에는 남에게 도움이 되고 싶다는 근본적인 동기가 없다. 진정한 비즈니스를 하려면 자기실현이나자기만족이 아니라 타자에 공헌할 수 있도록 노력해야 한다. 이것이 일의 본질이다.

아무리 사소한 일이라도 좋으니 매일 주변 사람들이 편해질 수 있는 일을 반복하라. 그 빈도와 양, 질이 향상된 결과, 경제적인 대가를 받을 수 있는 기회도 서서히 늘어난다. 또한 그 액수도 커진다. 부끄럽지만 나는 이대로 가다가는 굶어 죽을 것이라는 위기에 직면해서야 새삼 일하는 것의 본질을 깨달았다.

앞에서 말한 대로 나는 사회에 진출하기 전날 주변을 편하게 해야 한다는 업무관을 이미 접했다. 그래서 직장인 시절에는 다른 직장인보다 '타자 공헌'이라는 업무관을 실천할 수 있었다. 그로 인해 원하는 근무처에서 일했고, 미국에서 근무했으며, 나중에는 최고의 프로젝트에 참여할 수 있었다. 나의 커리어는 절대로 혼자서 이룬 것이 아니다.

인사나 월급을 정하는 것은 당신이 아니라 남이다.

'타자 공헌'을 한다는 업무관으로 일했기 때문에 주변에서 등을 떠밀어 씨름판에 자주 설 수 있었고, 기회를 잡을 수 있었다. 그리고 기회가 왔을 때 Part 1과 Part 2에서 소개한 학습 방식을 통해 갈고 닦은 능력을 발휘하고 성과를 냈다. 그 결과 더 큰 기회가 찾아오는 선순환이 이어졌다. 이러한 일의 본질에 대해 직장인 시절에는 잘 이해하고 있었다. 하지만 독립을 하면서 나는 내 사업에 모든 에너지를 쏟아부으면서 일시적으로 이 업무관을 완전히 잊어버렸다. 그로 인해 독립 초기에 어려움을 겪었지만, 그 과정을 통해 나중에라도 타자에 공헌한다는 업무관을 더 깊이 이해했으므로 결과적으로는 좋을 수 있었다. 사업을 하면서 통장 잔고가 줄어든다는 스트레스는 감당하기 힘들기 때문에 필히 나의 경험을 참고로 해 주었으면 한다.

일의 본질을 되새긴 뒤로 나는 일하는 방식이 완전히 바뀌었다. 먼저 매일 블로그에 올리던 문장이 근본적으로 바뀌었다. 본질을 깨닫기 전에는 '이런 재미있는 비즈니스 스킬을 개발했는데 흥미롭지 않나요?' 등과 같이 자기만족에 치우친 글을 올렸다. 내가 아주 잘 차려놓았으니 와서 즐기라는 식이었다. 그러다가 문장이 이런 식으로 바뀌었다.

'만일 이런 것이 고민이라면 이런 방법으로 해결할 수 있습니다.'

'그런 바람을 갖고 있다면 이런 본질이 도움이 됩니다.'

'이 주제는 세 개의 키워드만으로 충분히 이해할 수 있습니다.'

내가 당신을 도와줄 수 있다는, 타자 공헌 형태로 180도 바꾸었다. 아니, 바꾸었다기보다는 본질적인 업무관을 깨달은 뒤로 자연스럽게 '바뀌었다'고 표현하는 편이 적절할 것이다.

그러자 세미나 참가자가 늘어났다. 게다가 블로그의 글을 읽은 출판 편집자로부터 책을 출간하자는 제안을 받기에 이르렀다. 그 책을 읽은 독자들이 다시 수강자로 모였고, 유명세를 얻자 다른 출판사에서도 제안이 들어왔다. 그렇게 눈덩이처럼 사업이 점점 확장되어 오늘에 이르렀다.

자기실현에서 타자 공헌의 업무관으로 전환하자.

내가 배운 것의 혜택을 입는 주체를 '자신'에서 '타인'으로 바꾸는 것만으로도 비즈니스와 인생이 180도 바뀌었다. 지금은 당시에 내가 가졌던 바람이 거의 다 이루어졌다.

당신은 누구를 위해 일하고 있는가? 솔직하게 대답해 보기 바란다. 당신의 업무관에는 '타자 공헌'이라는 관점이 얼마나 포함되어 있는가? 확인하는 방법은 간단하다. 종이와 펜을 준비하고 중요한 질문 세 개를 골라 보자.

· 나는 왜 일을 하고 있는가?
· 요즘 일을 하면서 곤란했던 일은 무엇인가?
· 나의 배움에 타자 공헌적인 동기가 있는가?

빨간색 펜으로 동그라미를 친, 당신이 중요하다고 여기는 대답 속에 '타자 공헌'적인 사고방식이 바탕에 깔려 있는 내용은 얼마나 있는가?

첫 번째 질문을 예로 들면 '먹고살기 위해서', '자기 성장을 위해서', '커리어를 높이기 위해', '원하는 것을 얻기 위해', '자기실현을 위해', '편해지기 위해'와 같은 대답은 타자 공헌적인 성격의 대답이 아니다. 반면 '자유로운 삶을 살아가는 사람을 늘리기 위해', '비효율적인 세상을 내가 개발한 서비스로 개혁하기 위해', '여성이 일하기 편한 사회를 실현하기 위해', '고객의 뜻을 실현하기 위해'와 같은 대답에는 타인을 위하는 내용이 깔려 있다.

두 번째 질문인 '일을 하면서 곤란했던 일은 무엇인가?'에는 '주변 사람이 곤란해하는 것'을 얼마나 쓸 수 있는가에 달려 있다. 파란 펜으로 썼다고 해도 빨간 펜으로 골라냈는지 확인해 보자. 자기완결적인 업무관을 가진 사람일수록 파란 펜으로 쓴 글도, 빨간 펜으로 동그라미 친 것도 적을 것이다. 아마 아예 없는 사람도 상당히 많을 것이다.

그리고 마지막 세 번째 질문이 학습을 주제로 하는 이 책에서 가장 중요하다.

'나의 배움에 타자 공헌적인 동기가 있는가?'

만일 당신이 '일'의 본질을 진정으로 파악하고 있다면, 또 그런 자세로 일을 하고 있다면 평소에도 주변 사람들이 곤란해하는 상황을 많이 접했을 것이다. 그런 문제의식으로 서점의 비즈니스 서적 코너에 간다면 자신도 모르게 '아, 이 책의 내용이 어쩌면 A 씨의 고민에 대

한 답이 되지는 않을까?'라는 생각으로 책을 고르기도 한다. 그리고 A
씨의 문제를 해결하는 데 도움이 되기 위해 그 책을 읽고 공부를 하게
된다. 여기에 이미 배운 내용을 살려서 A 씨의 문제를 해결하고 소원
을 성취하도록 돕는다면 당신은 드디어 '주변 사람을 편하게 하다(=일
하다)'를 실천하는 사람이 된다.

배운 것이 돈으로 이어지는
타자 공헌형 학습

지금까지의 내용을 정리하면 다음과 같다.

당신이 지금껏 배운 내용을 업무에 제대로 활용하지 못하는 이유는 '배운 것을 제대로 기억하지 않아서'이거나 '배운 것을 이해하기 쉽게 설명(=출력)할 수 없어서'인 경우도 있다. 하지만 그 이상으로 생각해야 할 것은 근본적으로 업무관이 잘못되었기 때문이다. 자기 완결형 업무관으로 일하는 한 고객이나 주변 동료를 염두에 두지 않는 상태로 학습한다. 그런 상태로는 무엇을 배워도 '일하는 곳=대상이 되는 주변 사람=타자'가 안중에 있을 수 없다. 당신의 배움이 업무상 필요치 않다는 이야기다. 결국 사용할 예정이 없는 학습 내용(=잉여 지식)을 머릿속에 대량으로 고용하고 있는 것이나 마찬가지다.

반면에 타자 공헌형 업무관으로 일하면 당신의 머릿속에는 주변 사람이 안고 있는 문제 리스트가 많이 저장된다. 그 결과, 각 문제를 해결하기 위한 지식을 배운다는 목적으로 책을 읽거나 교재를 사고 세미나에 참가하는 등의 구체적인 행동을 할 수 있다. 그런 다음에 배운 것을 공급해서 주변의 수요를 만족시키면 낭비 없이 그대로 '타자 공헌=일하다'가 가능해진다.

이런 일상의 반복이 승진이나 연봉 상승으로 이어진다. 조금 전에도 정리했지만, 직장인의 경우 다음 한 줄이 마음에 와닿지 않을까 생각한다.

인사나 월급을 정하는 것은 당신이 아니라 남이다.

다음 한 줄도 기억해 주기 바란다.

자기실현은 자기 완결로는 달성할 수 없는 것이다.

직장인이든 사업가든 '자신'이 아니라 '타자'의 존재가 필수적이다. 타자에 공헌한 결과로 '자기'의 행복이 실현된다. '타자'가 제외된 업무관을 가지고 일하면 '자신'의 행복도 있을 수 없다.

연수든 독학이든 자기계발이든 일하는 사람이 하는 학습의 목적은 다음 한 줄로 정리할 수 있다.

학습의 목적은 '타자 공헌'의 힘을 높이기 위한 것

6장에서 다룰 '한 장 컨트리뷰션(contribution) 학습법'은 이 본질적인 한 줄의 문장에 근거한 것이다.

Chapter 6

수익과 성과를 창출해야
진짜 지식이다

한 장 컨트리뷰션 학습법이란 무엇인가?

    여기까지 오느라 고생하셨다. 이제 '1시트 러닝 시스템'의 총정리다. 종이 한 장만으로 타자 공헌형 학습을 할 수 있는 '한 장 컨트리뷰션 학습법'을 소개한다. 먼저 166~167페이지에 있는 [6-1]을 보자. 이 한 장 프레임워크의 구성 요소는 아래의 다섯 가지다.

    ① Who?='누구를 위해' 학습하고 사고 정리를 하는가?

    ② P/W?=어떤 '문제' 혹은 '바람'을 다루는가?

    ③ PQ?=①, ②에서 명확히 한 '목적'을 달성할 수 있는 '질문'이란?

    ④ 1P?=③에서 설정한 '질문'에 대한 '대답'을 한 마디로 정리하면?

    ⑤ 3Q?=④의 '대답'에 대해 '세 개의 의문사'로 설명하면?

    간단히 기호를 해설하면 ② P/W?는 'Problem(문제)/Wish(바람)'

의 약자다. ①과 ②를 합쳐서 '학습의 목적'을 명확히 한다. ③ PQ?
는 'Purpose(목적)'와 'Question(질문)'을 뜻한다. 이어지는 ④ 1P?는
'1Phrase?'의 약자다. 마지막으로 ⑤ 3Q?는 ④ '1P?'에 대해 세 개의
의문을 풀면 어떻게 되는가 하는 내용을 반영한다.

만일 첫 번째 비법(Part 1)과 두 번째 비법(Part 2)을 허투루 지나치고
이 프레임워크를 보았다면 복잡하다고 생각했을 것이다. 그러나 지금
까지 이 책을 차근차근 읽어 온 독자라면 '그렇군!' 하고 납득할 것이
다. 그러니까 한 장 컨트리뷰션 학습법은 다른 한 장 학습법들의 집합
체라고 할 수 있다.

①, ②, ③은 20자 공부법의 P?(=목적은?)에 대응한다. 이번에는 ①
Who?와 ② P/W? 두 세트로 20자 공부법 프레임워크의 P?를 다루고
있다는 사실을 이해하기 바란다. 또한 목적을 두 개의 요소로 나누었
기 때문에 이것을 정리하는 의미에서 '③ 목적 달성에 기여하는 질문
은?'이라는 항목을 새롭게 추가했다. 20자 공부법 때보다 강조하고 싶
은 것은 '타자 공헌'을 주목적으로 학습한다는 점이다.

그래서 처음부터 목적 칸에 '누구'의 '어떤 문제를 해결하고 바람을
실현하는 데 서포트하기 위한 학습인가?'라는 정보를 쓴다. 키워드의
숫자에 제약이 따른다는 사실은 더 이상 설명할 필요가 없을 것이다.

이어지는 ④ 1P?는 20자 공부법의 '1P?'임과 동시에 3Q 출력 학습
법 프레임워크의 '1P?'와 일치한다. 덧붙여서 ⑤ 3Q?는 3Q 출력 학습

[DATE] 11/11 [THEME] 한 장 컨트리뷰션	

Who? ← ① 누구를 위해				
P/W? ← ② 어떤 문제/바람을 다루나				
PQ? ← ③ 목적 달성에 기여하는 질문은?				
1P? ← ④ ③에 대한 한 줄 대답은?				
	3Q?	Why?	How?	What?
	P1?			
	P2?			
	P3?			

법 프레임워크의 Q1?, Q2?, Q3?를 반영한 것이다. 'What?', 'Why?', 'How?'라고 적혀 있는 것에서 그 연관성을 알 수 있을 것이다.

이제 첫 번째 비법에서 20자 공부법을, 두 번째 비법에서 3Q 출력 학습법을 왜 배웠는지 더 깊이 이해할 수 있을 것이다. 첫 번째 비법과 두 번째 비법은 '타자 공헌형' 학습법을 제대로 이해하기 위한 사전 과제 역할을 했던 것이다.

두 번째 비법을 설명할 때까지 나는 '타자 공헌'이라는 말을 일부러 쓰지 않았다. 지레 너무 복잡하다고 여기고 중도에 포기하는 독자가 있을까 우려해서였다. 그래서 첫 번째 비법과 두 번째 비법이라는 입문 단계를 준비해서 한 장 학습법을 착실히 따라 주기를 바랐다. 배움의 혜택을 입는 주체가 '나'여도 상관없으니 무엇보다 즐겁게 이들 학습법에 익숙해지도록 하는 것이 최우선 목표였다. 20자 공부법과 3Q 출력 학습법에 어느 정도 익숙해졌다면, 자연스럽게 한 장 컨트리뷰션 학습법의 프레임워크도 받아들일 수 있을 것이다.

물론 첫 번째 비법과 두 번째 비법만으로도 도움이 된다. 그래도 모처럼 여기까지 왔으니 나머지 비법도 숙지해 주었으면 한다.

자, 이제부터는 '주어'를 바꾸자. 주변에 있는 사람들을 위해 첫 번째 비법과 두 번째 비법을 통해 기른 학습 능력을 풀가동하자.

세 개의 질문을
채운다

이제 실례를 소개하고자 한다. 170~171페이지의 [6-2]를 보면서 2장에서 소개한 『살아남는 판단, 살아남지 못하는 행동』을 돌이켜보자. 독자들 중에는 이 책을 처음 펼쳤을 때 다음과 같이 느낀 사람이 있을지도 모른다. '업무에 활용할 수 있는 학습법을 알려 준다면서 재난 상황을 예로 들면 어쩌자는 거지?'라고 말이다.

하지만 한 장 컨트리뷰션 학습법에서는 책도 당신도 주역이 아니다. 주역은 당신의 동료나 고객과 같은 남(타자)이다. 주변을 편하게 한다는 목적을 달성하는 데 도움이 된다면 소재는 무엇이든 상관이 없다. 따라서 여러 권의 책이나 교재, 동영상 콘텐츠를 섞어도 된다.

이번 예에서는 다른 부서에서 이동해 온 A를 대상으로 했다. 한 장

[DATE] 11/11 **[THEME]** 살아남는 판단, 살아남지 못하는 행동	스트레스를 극복하는 최상의 방법
릭 레스콜라 안전요원 **파란 펜으로 기입**	호흡으로 컨트롤
비상시= 패닉〈예의바르게	탈 부인=자신, 자존감
뇌를 work= 반복 연습	대량〈단 한 번의 특별 훈련
익숙하지 않은 환경= 수동적 자세, 판단력 저하	수마트라 쓰나미 랑기섬 흔들리다 ▶높은 건물로
공포에 맞서기 위해서는?	마비=아무것도 하지 않게 됨
살아남을 가능성=희망 ▶행동의 원천에	8개의 P
부인▶사고▶행동	원제: The Unthinkable

Who? 1월부터 다른 부서에서 이동해 온 부하 A씨			파란 펜
P/W? 큰 실수를 반복해서 자신감 상실			
PQ? 어떻게 하면 자신감을 회복할 수 있을까?			빨간 펜으로 기입
1P? '큰 실수는 당연하다'는 인식에서 출발			
3Q?	Why?	How?	What?
P1?	익숙하지 않은 환경	당연하다는 인식	9.11 파란 펜
P2?	판단력이 떨어진다	작은 결과로 자신감 회복	허리케인 카트리나
P3?	큰 실수가 는다	잦은 심호흡	수마트라섬 지진

Who? 1월부터 다른 부서에서 이동해 온 부하 A씨

파란 펜으로 기입

P/W? 큰 실수를 반복해서 자신감 상실

PQ? 어떻게 하면 자신감을 회복할 수 있을까?

빨간 펜으로 기입

컨트리뷰션 학습법의 프레임워크를 채우고 있는 사람은 A의 상사인 B다. A는 원래 있던 부서에서 유능하다는 평가를 받았지만, B의 부서로 이동해 온 지 불과 한 달 만에 믿을 수 없을 정도의 큰 실수를 몇 번이나 반복했다. 당사자도 믿을 수 없는지, A는 자신감을 완전히 상실하고 말았다. 그래서 상사인 B는 A의 자신감을 회복시켜 줄 목적으로 필요한 지식을 학습하려는 것이다. 이상 여기까지가 한 장 컨트리뷰션 프레임워크의 'Who?', 'P/W?', 'PQ?'에 해당한다.

다음으로 목적에 필요한 배움을 정리해야 하는데, 그때 B의 뇌리에 전에 읽었던 아만다 리프리의 책이 도움이 될지도 모른다는 직감이 떠올랐다고 치자. 물론 리프리의 책은 A와 같은 고민을 가진 사람을 위해 쓴 것은 아니다. 그래도 만일 그런 영감이 조금이라도 떠오른다면 일단 써 보기로 하자. 타자 공헌이라는 목적으로 이어지면 된다는 것이 대전제다. 겨우 한 장만 쓰면 되므로 가벼운 마음으로 자꾸 시도해 보자.

키워드를 적어서
정리한다

B는 『살아남는 판단, 살아남지 못하는 행동』을 떠올리면서 키워드를 파란색 펜으로 기입해 나갔다. 이미 읽은 책이어서 내용을 상기하는 것이 어렵지 않다. 내용이 잘 기억나지 않을 때만 책을 펼쳐 훑어보았다.

그 뒤 20자 공부법 때와 같은 요령으로 빨간 펜으로 동그라미를 치면서 생각을 정리해 나간다. 이번의 사고 정리에서는 '익숙지 않은 환경=수동적인 자세, 판단력 저하'라는 키워드를 통해 '익숙하지 않은 환경에서는 실수를 하는 것이 당연하다는 인식에서 출발하자'는 메시지를 만들어 낼 수 있었다(1P?).

같은 책을 소재로 해도 목적이 달라지면 한 줄로 정리하는 내용

[DATE] 11/11 [THEME] 살아남는 판단, 살아남지 못하는 행동	스트레스를 극복하는 최상의 방법	Who? 1월부터 다른 부서에서 이동해 온 부하 A씨
빨간 펜으로 동그라미를 쳐서 사고 정리	P/W? 큰 실수를 반복해서 자신감 상실	**목적은 누구를 위한 것인가?**
비상시= 패닉/(예외하라게)	탈 부인=자신, 자존감	PQ? 어떻게 하면 자신감을 회복할 수 있을까?
뇌를 work= 반복 연습	대량/(단 한 번의 특별 훈련)	1P? '큰 실수는 당연하다'는 인식에서 출발
익숙하지 않은 환경= 수동적 자세, 판단력 저하	수마트라 쓰나미 탕가섬 흔들리다 ▶높은 건물로	3Q? **왼쪽 키워드를 나열한 뒤 최종적으로 정리한다**
공포에 맞서기 위해서는?	마비=아무것도 하지 않게 됨	P1?
살아남을 가능성=희망 ▶행동의 원천에	8개의 P	P2?
부인▶사고▶행동	원제: The Unthinkable	P3?

도 달라지기 마련이다. 그리고 목적만 명확하다면 비즈니스 서적으로 분류되지 않는 책이라도 이렇게 업무에 도움이 될 수 있다. 오히려 내용이 없는 얄팍한 비즈니스 서적에서 지식을 끌어 오는 것보다는 다른 분야의 명저에서 배움을 얻는 편이 낫다. 그 편이 주변으로부터 똑똑하고 교양 있는 사람, 박식한 사람이라는 평가를 불러올 수 있기 때문이다.

3Q를
정리한다

자, 이제 마지막 남은 3Q?를 채우자. 기입하는 요령은 3Q 출력 학습법에서 설명한 대로다. 단, 한 장 컨트리뷰션 학습법의 차이는 주어를 '나'가 아니라 '상대방'으로 생각하는 것이다. 앞에서 든 사례를 두고 말하자면 상사인 B의 시점이 아니라 부하인 A의 시점에서 생각한다는 뜻이다.

조금 전에 한 줄로 정리한 것을 들은 A는 어떤 반응을 보일까? What?, Why?, How?의 시점에서 보자면 다음과 같이 말할 수 있을 것이다.

· Why?=왜 그렇게 말할 수 있을까요?

1P? '큰 실수는 당연하다'는 인식에서 출발			
3Q?	Why?	How?	What?
P1?	익숙하지 않은 환경	당연하다는 인식	9.11
P2?	판단력이 떨어진다	작은 결과로 자신감 회복	허리케인 카트리나
P3?	큰 실수가 는다	잦은 심호흡	수마트라섬 지진

A의 반응을 상정해서 채운다

· How?=앞으로 어떻게 하면 좋을까요?

· What?=예를 들면 어떤 경우가 있을까요?

정중한 표현을 쓴 이유는 실제로 A가 이렇게 말할 것이라고 상정했기 때문이다. [6-5]를 보기 바란다.

이렇게 세 개의 의문문을 망라한다는 규칙에 따라 빈칸을 채웠지만 실제로 이렇게 말하려는 것은 아니다. 만일 누군가 물어보면 대답할 수 있도록 해 두자는 의도로 메모를 하듯 쓴 것이다.

앞으로 당신이 비슷한 경우에 직면했을 때 일부 질문은 빈칸으로 두어도 상관없다. 모든 것은 상대방에 달렸다. 그러므로 상대방이 질문할 것 같지도 않은데 무리해서 채울 필요는 없다.

이처럼 한 장 컨트리뷰션 프레임워크로 학습할 때는 일부 질문을 채우지 않고 끝낼 때도 있다. 한두 개 질문을 채우는 것만으로도 되는 경우가 많기 때문에 융통성 있게 대처하자.

그리고 잘 모르겠다면 '상대방 우선'으로 판단한다. 이것이 한 장 컨트리뷰션 학습법의 좋은 점이자 가장 중요한 본질이다.

배운 것을
전달해 보자

이것으로 프레임워크의 작성이 끝났다. 타자 공헌을 위한 학습에 대한 영감을 얻었는가? 앞에서 든 예를 바탕으로 상사인 B가 부하 A에게 실제로 메시지를 전할 때면 다음과 같이 된다.

요즘 실수가 많은 것 같더군. 조언 하나 해도 되겠는가?

일전에 위기관리와 관련한 책을 읽었는데, 익숙하지 않은 새로운 환경에서는 누구나 실수를 하고, 그것을 당연하다고 생각해도 괜찮다고 하더군. 왜 그런 생각을 가져도 되느냐 하면, 누구나 새로운 환경에서는 판단 능력이 떨어지기 때문이야. 지난번 부서에 있을 때와는 달리 자네가 요즘 실수가 잦은 원인은 자네가 아니라 갑자기 달라진 환경 탓이라고 생각하면 되네. 앞으로 우리 부서에 익숙해질 때까지는 그런 일이 계속 일어날 테니 그냥 자연스러운 현상이라고 받아들이게나.

적어도 나는 그렇게 생각하고, 다른 부서원들과도 이 생각을 공유할 참이네. 그 대신 앞으로는 잘못했던 일에 신경 쓰지 말고 할 수 있는 일을 하고 조금씩 작은 성과를 쌓아 가는 데 초점을 맞추기 바라네. 그렇게 하다 보면 자신감도 회복될 거야.

그리고 마지막으로 한 가지 요령을 알려 주겠네. 익숙지 않은 환경에서 마음이 조급해질 때면 심호흡을 자주 하게나. 그러면 마음이 차분해지고 평상심을 유지할 수 있을 거야. 한번 해 보길 바라네.

What? 부분은 생략했다. 읽어 보니 어떤가? 이런 식으로 부하 직원을 지도하고 의사소통을 할 수 있다면 부하 직원도 마음이 놓일 것이다. 그리고 배운 것을 제대로 써먹을 수 있었으니 나 자신도 기쁘지 않겠는가?

첫 번째 비법과 두 번째 비법에서 축적한 배움을 사용하면 이처럼 타자 공헌형 학습이 가능해진다. 필히 지금까지 터득한 배움을 자신을 위해서뿐만 아니라, 남을 위하는 데 써 주기를 바란다.

구성원의 업무 능력을 향상시키는
한 장 컨트리뷰션 학습법

또 다른 사례로 182~183페이지의 [6-6]을 보자. 이 경우는 조금 전과는 다른 부하인 C가 주인공이다. C의 약점인 '뒤처리를 못한다. 아니, 아예 할 마음이 없다'는 문제를 해결하기 위해 상사인 B가 쓴 한 장 컨트리뷰션 학습법 프레임워크다.

이번에도 소재로 다루는 책은 동일하다. 다만 목적은 다르다. 이번 목적은 '여유가 없다=바보가 된다'는 상황을 타개하는 것이다.

여기서 '바보가 된다'는 표현을 썼다. 물론 이런 말은 리프리의 책에 나오지 않는다. 어디까지나 상사인 B와 부하 직원인 C가 편하게 주고받을 수 있는 표현으로 쓰는 편이 보다 사실적으로 전달될 수 있을 것이라는 판단에서 선택한 어휘다.

[DATE] 11/11 [THEME] 살아남는 판단, 살아남지 못하는 행동	스트레스를 극복하는 최상의 방법
릭 레스콜라 안전요원	호흡으로 컨트롤
비상시= 패닉〈예의바르게	탈 부인=자신, 자존감
뇌를 work= 반복 연습	대량〈단 한 번의 특별 훈련
익숙하지 않은 환경= 수동적 자세, 판단력 저하	수마트라 쓰나미 랑기섬 흔들리다 ▶높은 건물로
공포에 맞서기 위해서는?	마비=아무것도 하지 않게 됨
살아남을 가능성=희망 ▶행동의 원천에	8개의 P
부인▶사고▶행동	원제: The Unthinkable

Who? B의 또 다른 부하 직원은 C			
P/W? 뒤처리를 못하고, 아예 그럴 마음이 없다			
PQ? 어떻게 하면 뒤처리가 중요하다는 사실을 깨닫게 할까?			
1P? '여유가 없다=바보가 된다'는 상황을 피할 수 있도록			
3Q?	What?	Why?	How?
P1?	작년의 바쁜 시기	여유가 없는 상황	뒤처리
P2?	지난달 초	판단력 저하	여유를 확보
P3?	다음 달 이벤트	업무 효율성 저하	뇌의 움직임을 저하시키지 않는다

이 사례를 추가한 이유는 '주역은 책이 아니다'라는 뜻을 독자들이 더 잘 이해해 주었으면 하는 바람에서다. 일반적인 독서 방식에 익숙한 사람에게는 같은 책을 읽으면서도 이렇게까지 다양하게 활용할 수 있고 표현을 달리해도 된다는 발상을 할 수 없을 것이다. 하지만 책은 어떤 식으로든 사람에게 영향을 줄 수 있고, 그렇지 못하다면 '타자 공헌'이라는 관점에서는 별 의미가 없다.

작가의 표현과
달라도 되는가?

'작가의 말인가, 자신의 말인가'라는 문제를 놓고 신경 쓰는 사람이 많기 때문에 이에 대해서 조금 더 이야기해 보자.

이 책이 제안하는 학습법을 접하다 보면 이런 생각이 드는 사람도 있을 것이다.

'작가가 하는 말을 내 마음대로 바꿔도 되나?'

가르치는 사람이 쓴 말을 그대로 사용하지 않으면 잘못된 것이고 옳지 않으며 정확하지 않다고 생각하는 사람이 많다. 이는 학교 교육의 폐해라고 생각하는데, 이런 사람의 고민을 해소할 두 번째 예로 [6-7]을 살펴보자.

이번에는 신입 사원 F의 선배 사원인 E가 등장한다. 프레임을 채우

[DATE] 11/11 [THEME] 『It works』	Read 3 times
Thoughtless talkers or wishes	Think often
Must know what you want	Do not talk
Mysterious uncertain	Decide details
Omnipotent power	수마트라 쓰나미 랑기섬 흔들리다 ▶높은 건물로
Concise statement	마비=아무것도 하지 않게 됨
Definite plan	8개의 P
Write down on paper	원제: The Unthinkable

Who? 신입 사원 F씨			
P/W? 목표 달성의 기본조차 몰라서 불안			
PQ? 어떻게 하면 목표를 달성하는 사람이 될 수 있을까?			
1P? 목표 달성은 이 3단계로 OK			
3Q?	How?		
P1?	종이에 써서 명문화한다		
P2?	몇 번이고 보고 의식화한다		
P3?	주변에 선언은 하지 않는다		

는 사람은 선배인 E다.

인사부에서 요청하기도 해서 E는 2주일에 한 번 정도 F와 업무 진행 상황을 확인하는 미팅을 하고 있다. 미팅을 시작한 지 두 달 정도 지났을 무렵 F로부터 이런 이야기를 들었다.

"저, 솔직히 말하면 지금까지 인생에서 설정한 목표를 달성한 적이 없습니다. 그래서 이런 미팅을 해 주시는 것은 감사하지만, 뭐라고 할까, 정말 부끄럽습니다. 미팅을 하면서 나눈 내용조차도 금세 잊어버려요."

실제로 F는 지난번 미팅에서 정한 사항들을 기억하지 못하는지 이야기가 진전되지 않았다.

선배인 E는 미국 유학 시절에 읽은 『It works』라는 책을 떠올렸다. 이 책은 목표 달성과 관련한 고전이자 명저다. 이 책에서 배운 지식을 바탕으로 F에게 도움을 주기로 했다.

[6-7]처럼 한 장 컨트리뷰션 학습법 프레임워크를 적고 일단은 Who?, P/W?, PQ?를 채웠다. 이어서 『It works』를 훑어보면서 목표 달성에 도움이 될 것 같은 키워드를 정리했다.

표를 보고 놀란 사람도 있겠지만, 이 책은 영어 원서다. 왜 굳이 외서를 소재로 삼았을까? '학습의 소재는 무엇이든 상관없다'는 메시지를 전달하기 위해 외국어로 된 콘텐츠로도 얼마든지 할 수 있다는 사실을 보여 주고 싶었기 때문이다.

그런데 신입 사원 F는 전혀 영어를 못한다. 한편 한 장 컨트리뷰션 학습법의 주역은 영어를 할 수 있는 E가 아니라 F다. 때문에 영어로 1P?나 3Q를 정리할 수는 없다. 그래서 표와 같이 우리말로 답이 쓰여 있는 것이다. E는 『It works』의 번역본이 출간되었는지 모르기 때문에 여기에 쓴 말은 저자나 번역자의 말이 아니라 E의 독자적인 해석이다.

자, 이 사례를 보고 '작가의 표현과 달라도 되는가?'라는 점이 마음에 걸린 사람은 어떻게 받아들여야 할까? 작가의 표현 그대로 지식을 축적하는 사람은 1P?도 3Q?도 영어로 정리해야 한다고 생각할지도 모른다. 그러나 그렇게 해서는 F에게 아무런 도움이 되지 않는다. 굳이 극단적인 예를 들었지만, 이것으로 분명해지지 않는가?

작가의 메시지를 자기만의 언어로 바꾸어 말한다.

'그래도 되나?'가 아니라 나의 배움을 위해서도, 상대방의 배움을 위해서도 오히려 더 그렇게 해야 한다. 부디 책에 박혀 있는 문장을 곧이곧대로 외우던 학창 시절의 학습관은 버리기 바란다. 우리는 직업인이다. '목적 달성에 유익한가'를 최우선으로 하여 적절한 말로 바꾸어 말할 수 있어야 한다. 이를 능동적이고 주체적으로, 적극적으로 해나가는 것이 기본이라는 사실을 명심하기 바란다.

3Q는
자유롭게 기입하자

또 한 가지, 앞의 사례에서 확인해 두었으면 하는 점이 있다. 186~187페이지의 [6-7] 3Q? 칸에서 How? 이외의 칸이 빈칸으로 되어 있는 이유는 무엇일까? 대답은 앞에서 설명한 대로 부족한 부분은 채우지 않아도 되기 때문이다.

이번 사례에서는 1P?에 '목표 달성은 이 3단계로 OK'라고 적혀 있으므로 F의 의문은 'How : 실제로 3단계를 어떻게 실천하면 될까?'를 해결하는 것이면 된다. 이런 식으로 한 장 컨트리뷰션 학습법에서는 How?만 채우면 되는 경우가 상당히 많다. 왜냐하면 이 틀은 문제를 해결하거나 바람을 실현하는 것을 목표로 하기 때문에 자연스럽게 어떻게 하면 그것을 실현할 수 있는지로 내용이 종결되기 때문이다. 그

[DATE] 11/11 [THEME] 「It works」	Read 3 times	Who? 신입 사원 F씨	
Thoughtless talkers or wishes	Think often	P/W? 목표 달성의 기본조차 몰라서 불안	
Must know what you want	Do not talk	PQ? 어떻게 하면 목표를 달성하는 사람이 될 수 있을까?	
Mysterious uncertain	Decide details	1P? 목표 달성은 이 3단계로 OK	
Omnipotent power		How?	주변에 선언은 하지 않는다
Concise statement			
Definite plan		종이에 써서 명문화한다	몇 번이고 보고 의식화한다
Write down on paper			

래서 처음부터 How?만 채우면 된다는 것이 명백한 경우에는 [6-8] 과 같은 형태로 프레임을 만들어도 상관없다. 이렇게 하면 내용의 기 초가 되는 오른쪽 아랫부분에 보다 자세하게 정보를 적을 수 있다. 이 프레임이 더 실천하기 쉽다고 느끼는 분은 3Q? 대신에 How?만 기입 하는 이 버전의 프레임을 활용하기를 바란다.

고객이 행동으로
옮길 수 있도록 하기 위해

이 시점에서 마지막 포인트를 점검해 보자.

조금 전에 How? 칸에 초점을 맞추었는데, Part 2에서 배운 대로 여기에 쓰는 내용은 실천할 수 있는 '동작 수준'이어야 한다. 한 장 컨트리뷰션 학습법에서는 '동작 수준'이라는 말이 더욱 큰 의미를 지니는데, 그 이유는 내가 행동으로 옮기는 것이 아니라 '상대방이 행동으로 옮길 수 있는가'가 중요한 기준이 되기 때문이다.

나만을 위해서 배울 때에는 어느 정도 추상적인 표현을 써도 내 나름대로 해석하고 행동할 수 있다. 하지만 한 장 컨트리뷰션 학습법에서는 완성한 한 장을 특정한 누군가에게 설명하는 것을 전제로 한다. 따라서 상대방이 행동으로 옮길 수 있는 표현을 쓰지 않으면 액션을 동반할 수 없다. 그래서 다음과 같이 표현을 다듬을 필요가 있다.

· 종이에 써서 명문화한다

→ 달성하고자 하는 목표를 종이에 20자 정도 짧은 문장으로 적는다

· 몇 번이고 보면서 의식화한다

→ 노트북에 끼워 놓고 열 때마다 다시 본다

· 주변 사람에게 선언하지 않는다

→ E 이외의 사람에게는 절대로 입 밖에 꺼내지 않는다

이렇게 정리함으로써 F가 보다 행동으로 옮기기 쉬운 표현이 되었다. 나머지는 실제로 전달한 뒤에 F의 반응을 보면서 더 보충해 나가면 된다. 실제로 마음먹은 것을 행동으로 옮기려는 의식이 희박한 직업인이 많다. 그리고 그들 대부분이 무엇을 어떻게 해야 할지 몰라서 그런 경우도 많다. 그래서 이처럼 친절하게 표현해 주면 어느 정도 상대방에게 도움이 될 것이다.

그런데 상대방이 행동으로 옮기기 쉽도록 '동작 수준'의 문장을 쓴다는 것이 그리 쉽지만은 않다. 그래도 반복해서 한 장의 틀을 채워 경험을 쌓다 보면 반드시 습관이 된다. 부디 작가의 표현에 좌우되지 말고 주변 사람을 도울 수 있는 표현력을 연마하길 바란다.

한 장 컨트리뷰션 학습법을 이야기하면서 두 가지 사례를 다루었

1P? 목표 달성은 이 3단계로 OK	
How?	E 이외의 사람에게는 절대로 입 밖에 꺼내지 않는다
달성하고자 하는 목표를 종이에 20자 정도로 짧게 정리한다	노트북에 끼워 놓고 하루 세 번 이상 다시 본다

는데, 어떤가? '재밌어. 이런 학습법은 처음이야!'라며 지적 호기심이 자극되는 사람이 있는가 하면, '음, 무슨 말을 하려는 건지는 알겠는데……'라고 대수롭지 않게 여기는 사람도 있을 것이다. 후자의 독자에게 진지한 질문을 던지겠다. 다음 질문에 최대한 솔직하고 정확하게 대답하기 바란다.

'당신에게는 돕고 싶은 사람이 있는가?'

간단하지만 매우 진지한 질문이다.

앞서 일이란 '주변을 편하게 해 주는 것'이라고 정의했다. 그런데도 위의 질문에 "아니오."라고 대답했다면, 당신은 일을 할 만한 상태가 아닌 것이다.

따라서 먼저 '편하게 해 주고 싶은 사람'을 주변에서 찾아볼 필요가 있다. 그래서 마지막 케이스에 들어가기 전에 서포트하고 싶은 사람을 찾아내기 위한 동작을 설명하겠다.

여기에서는 엑셀 1을 사용한다. [6-10]을 보자. 먼저 '업무상 접하는 사람은?'이라는 주제 아래 개인의 이름을 파란 펜으로 적는다. 그중에서 사이가 좋은 사람, 일상적으로 의사소통을 마음 편하게 할 수 있는 사람을 두세 명 정도 골라서 빨간 펜으로 동그라미를 치자. 이어서 P/W?(=그 사람이 안고 있는 문제는?/그 사람이 바라는 것은?)의 칸을 채우자. 단 무리하게 채울 필요는 없다. 빈칸이 남아 있다면 '여기에 무엇을 채우면 좋을까?'라고 자문한 다음 생각이 떠오르지 않으면 그냥 그 상태로 둔다. 그런 다음 평소대로 조금 전에 빨간 펜으로 동그라미를 친 사람들과 생활한다. 그러다 보면 일상적인 대화 속에서 '음, ○○ 씨는 이런 일로 힘들어하는군.', '이것이 ○○ 씨가 바라던 것이었구나.'라는 식으로 빈칸을 채울 대답이 순간순간 떠오른다.

이것은 뇌과학과 심리학에서 '지견(知見)'이라 부르는 것으로, 나 자신뿐 아니라 많은 수강생이 체험하고 있다. 즉, 인간에게는 의문이 생기면 답이 나올 때까지 계속 찾는 성질이 있다는 것이다. 엑셀 1을 작성하면서 '여기에 무엇을 채우면 좋을까?'라는 의문이 떠올랐다면, 그 다음은 당신의 뇌가 자동적으로 대답을 찾아낸다. 의식적으로뿐만 아니라 무의식 수준에서도 답을 검색하기 때문에 그냥 그 흐름에 몸을

2019. 10. 8 업무상 접하는 사람은?	
A 부장	
B 과장	
C 씨	
D 씨	
거래처 E 씨	
거래처 F 씨	
협력사의 G 씨	

이니셜로 적어도 무방하다

P/W?	그 사람이 안고 있는 문제나 과제
시장이 축소하고 있는데 해결책이 없다	
부서 내 연대가 없다	
의욕이 없다	
야근이 많다	
시간이 없다	
비즈니스 모델이 한계	
젊은이들이 쉽게 그만둔다	

맡기면 된다.

　이런 학습법이 선뜻 와닿지 않는 사람이 있을 것이다. 하지만 '공헌하고자 하는 타자가 없는' 사람이 의외로 많다. 그것은 정말로 공헌할 대상이 없는 것이 아니라 평소에 깊이 생각해 보지 않았기 때문일 가능성이 크다. 이런 경우에 이 공헌할 타자를 찾아내는 엑셀 1이 도움이 될 것이다.

마지막
사례

지금까지 종이 한 장만 씀으로써 배움을 업무에 활용하는 학습법에 대해서 알아보았다. 이 책에서 얻은 깨우침을 끌어내는 3Q 질문을 해 보자.

- 이 학습법의 장점은 무엇인가? [What?]
- 왜 이런 배움이 필요한가? [Why?]
- 어떻게 하면 실천할 수 있는가? [How?]

이 질문들에 대해 당신은 이제 대답할 수 있다. 자, 이제 마지막 사례를 보자.

마지막 사례의 주인공은 바로 당신이다. 무슨 말인가 하면 이 책을 기초로 스스로 '한 장'을 만드는 것이다. 이것이 마지막 사례다.

먼저 이 책에서 얻은 배움을 20자 공부법의 프레임워크를 작성해서 20자 내외로 정리해 보기 바란다. 이어서 3Q 출력 학습법의 프레임워크를 만들어서 1P? 부분에 20자 내외로 정리한 문장을 옮겨 적자. 그리고 이 1P?를 잘 설명하기 위한 3Q 틀을 채우면서 사고 정리를 해 보자. 마지막으로 이 책을 소재로 한 장 컨트리뷰션 학습법 프레임워크를 채우면서 연습해 보자.

· 자기계발 등의 학습을 못하는 사람

· 열심히 배우고는 있지만 겉도는 사람

· 배운 것을 남을 돕는 데 쓰기는커녕 남을 넘어뜨리는 데 쓰는 사람 등등

만약 '저 사람에게도 이 책을 읽히고 싶다'는 사람이 있다면 그를 위해 한 장 컨트리뷰션 프레임워크를 작성해 보길 바란다. 당신이 어떻게 하느냐에 따라 상대방의 상황이 조금이라도 좋은 방향으로 바뀔 수 있다면 그보다 더 의미 있는 독서 체험이 어디 있겠는가?

독자 여러분이 직접 쓴 한 장으로 인해 이 책의 빈 공간이 채워질 것이다.

배우고, 설명하고, 써먹어라

이 책을 마치기 전에 한 가지 질문이 있다.

'기억상실증에 걸린 사람은 맨 처음 어떤 질문을 할까?'

지금까지 수많은 수강생들에게 같은 질문을 해 보았는데, 늘 같은 대답이 돌아왔다. 당신의 대답도 마찬가지가 아닐까?

"여기는 어디? 나는 누구?"

실제로 기억상실증에 걸려 본 사람이 거의 없음에도 누구나 이 문장을 떠올린다. 도대체 왜 다들 비슷한 대답을 내놓는 걸까?

위의 대답은 아래와 같이 해석할 수 있다.

· 여기는 어디? → '세계'란 무엇인가?

· 나는 누구? → '인간'이란 무엇인가?

왜 우리는 세계관과 인간관을 규명하기를 원할까? 그 이유는 이 두 가지에 따라 어떻게 살 것인가 하는 인생관이 결정되기 때문이다.

세계관, 인간관, 인생관을 확고히 하고자 배운다.

누구에게나 이런 욕구가 있다. 2장에서 교양을 이야기할 때도 언급했다. 여기서는 이러한 욕구를 '지적 호기심형 학습'이라는 말로 정의하겠다. 그리고 나의 시대 인식을 하나 공유하고자 한다.

오늘날 대부분의 직업인은 지적 호기심을 채우기 위한 학습에 등을 돌린 채 살고 있다. 일단 사회에 나가면 자발적으로 꾸준히 무언가를 공부하는 일이 중단된다. 오히려 독학에 힘쓰는 사람을 보고 자의식이 높은 사람이라는 등의 조소가 가해지는 풍조까지 있다. 도대체 왜 이런 일이 벌어지고 있는 걸까?

누구나 원초적으로 가지고 있는 지적 호기심형 학습의 싹을 잘라내고 경력 획득형 학습을 추종하고 있기 때문이다. 경력 획득형 학습이란 '좋은 대학에 들어가고 좋은 회사에 들어가서 좋은 스펙을 쌓기 위한' 학습을 뜻한다. 학생으로 치면 명문대 진학에 목을 매는 경우이고, 직장인으로 치자면 자격증 취득에 혈안이 된 경우다. 자격증을 취득한다는 것은 사회적으로 어필할 수 있는 스펙을 쌓음으로써 인생을 더 나은 곳으로 이끌고 싶다는 사고방식을 전제로 하지만, 근본적으로는 학생 시절의 학습관에서 벗어나지 못하는 것이다. 타자에 대한 공헌이 결여되어 있기 때문이다.

우리 사회의 직업인들이 경력 획득형이 아니라, 지적 호기심형 학습관을 회복했으면 하는 것이 나의 바람이다. 진심으로 그렇게 염원한다.

사람은 누구나 세계관, 인간관, 인생관을 가지고 확고한 삶을 살고 싶어 한다. 그렇기 때문에 사물의 본질에 접근할 수 있는 배움을 필요로 하고, 그러한 배움을 경험했을 때 지적 호기심이 자극되어 즐거움을 느끼게 된다. 배움이란 그런 구조여야 한다. 배움은 즐거운 것이다. '경력 획득'이라는 고정관념을 버리자.

지금까지 이 책에서는 여러 가지 본질을 20자 내외로 정리해 보았다. 이러한 형태의 배움을 통해 경력 획득형 학습을 당연시하는 사람도 배우는 즐거움을 느끼게 해 주고 싶었다. 그런 자극을 주고자 하는 바람에서 이 책에 혼신의 힘을 쏟았다.

한편 이미 '배움은 즐겁다'는 생각을 되찾은 독자들도 지적 호기심형 학습의 폐해인 자기 완결형 학습관으로는 배움을 업무에 활용할 수 없다는 사실을 깨달았으면 좋겠다. 배움은 즐겁다. 이 문장 자체는 전혀 반론의 여지가 없고, 나 자신도 깊이 공감한다. 다만 일의 본질인 '주변을 편하게 한다'는 업무관에서 보면 역시 나 자신만 즐거워서는 안 된다.

즐거운 나머지 그 쾌락 속에 안주하고 싶을 때가 있다. 이것이 배움을 업무에 살릴 수 없는 가장 큰 이유인데, 이런 사실을 깨닫지 못하고 산다. 이런 독자들의 눈을 뜨게 해 주고 싶었다.

나에게는 이제 곧 두 살이 되는 아이가 있다. 아이는 지금 그야말로 폭발적인 학습량으로 하루를 채우고 있다. 매일매일 눈 뜰 때마다 아내와 나를 놀라게 할 만큼 성장을 거듭하고 있다. 새로운 단어를 접하고, 새로운 장소에 가고, 새로운 사람을 만날 때마다 기쁜 듯 미소를 짓는다. 그런 모습을 볼 때마다 이런 생각이 든다. 역시 '배움이란 원래 즐거운 것'이라고.

경력 획득형에서 지적 호기심형 학습관으로 회복해야 한다. 한 걸음 더 나아가 자기 완결형에 빠지지 말고 타자 공헌형 학습으로 전환해야 한다. 독자들께서 이러한 학습관을 갖도록 하기 위해 한 문장 한 문장에 마음을 담아 글을 썼다. 실제로 실천할 수 있는 방법을 개발해 왔다.

사회 구조상 경력을 획득하기 위해서 학습하는 것 자체를 부정할 마음은 없다. 유감스럽게도 앞으로 이러한 학습관이 필요한 시대가 오랫동안 이어질 것이다. 때로는 고통스러운 학습을 감수해야 하는 상황이나 시기가 올지도 모른다.

하지만 그 때문에 배우는 즐거움 자체를 잊어서는 안 된다. 나이가 들어서도 공부를 하는 사람을 두고 "아직도 공부를 하다니, 자네는 어지간히 의식 수준이 높은 모양이군."이라며 찬물을 끼얹는 어른도 분명히 존재한다. 나는 아이들에게 그런 환경을 물려주고 싶지 않다. 그래서 이 책의 내용을 실천하는 직업인이 늘기를 바란다. 당신이 그 주인공이기를 간절히 바란다. 당신에게 공감한 사람들이 이 책의 세계관을 공유하고, 나아가 지적 호기심형 학습관과 타자 공헌형 학습관이 확산되기를 바란다.

어른이 되어도 배움은 즐겁다.
다만, 업무에 활용하고 싶다면 '타자 공헌'을 전제로!

즐겁게 배우고, 남에게 도움이 되며, 사회적으로도, 경제적으로도 풍요롭고 행복한 인생을 살 수 있다면 그보다 더 기쁜 일이 어디 있겠는가? 나 자신은 계속 그런 삶을 누리고 있고, 그런 모습을 아이들에게 계속 보여 줄 것이다.

당신은 지금부터 무언가를 배울 때 주변 사람들에게 어떤 뒷모습을 보여 줄 것인가? 당신의 배움이 당신 자신과 당신 주변 사람들을 행복하게 해 줄 것을 바란다. 이 책을 읽은 경험이 당신이라는 '주변'을 조금이라도 '편하게' 할 수 있다면 나로서는 그보다 기쁜 일이 없을 것이다.

끝까지 읽어 준 독자 여러분께 진심으로 감사를 드린다.

책을 마치며 이 책을 출판하는 데 있어서 SB 크리에이티브의 편집자 다네 유키에 씨의 도움이 없었다면 실현되지 못했을 것이다. 이 책의 원고는 원래 형태의 버전에서 거의 다시 썼다. 다네 씨의 피드백을 받은 덕분이다. 베스트셀러를 연속으로 만들어 낸 편집자답게 이 책의 방향을 옳은 길로 이끌어 주었다. 이번 집필을 통해 나 자신도 매우 많은 경험을 했다. 깊은 감사를 드린다.

다네 씨와의 인연을 만들어 준 사람은 매킨제(McKinsey)의 오시마 사치요 씨였다. 또한 오시마 씨와는 잡지사의 기획으로 대담을 하면서 만날 수 있었기 때문에 프레지던트사에도 감사를 전하지 않을 수 없다. 그러면 왜 프레지던트로부터 나의 콘텐츠를 만화로 만드는 제안을 받았느냐 하면, 그것은 선마크 출판사에서 책을 낼 수 있었기 때문이다. 이대로 가다가는 감사의 말이 끝이 없을 것 같다. 이쯤에서 그만두어야겠다.

'나에게 기회를 준 이는 나 자신이 아니라 남이다.'

늘 이 19자를 마음속에 새기며 '타자 공헌'에 힘쓰고 싶다.

마지막으로 가장 감사의 마음을 전하고 싶은 사람은 주변의 가까운 이들이다. 둘째 아이를 가진 상태에서도 물심양면으로 도움을 준 아내는 물론 부모님과 유아원 선생님을 비롯해 많은 사람들의 끊임없는 지지가 있었기 때문에 이 책을 펴낼 수 있었다.

다시 한 번 감사의 마음을 전한다.

최고의 감사를 담아, 아사다 스구루

프레임워크 다시 보기

이 책에서 소개한 프레임워크를 다시 보며 책의 내용을 상기해 보자.

프레임워크(framework)란 어떤 주제와 사안에 대해서 판단하거나 결정할 때 생각을 정리하는 데 도움을 주는 '틀'이다. 각 프레임워크는 A4 크기의 용지에 직접 그려도 되고, 컴퓨터로 출력해도 된다. 단, 프레임워크의 빈칸을 채울 때는 가급적 직접 손으로 써서 기입하는 것이 좋다. 쓰는 행위를 통해 두뇌 회전이 빨라지고 차분히 생각을 정리할 수 있기 때문이다.

20자 공부법 프레임워크

"지식의 핵심과 본질만 20자 내외의 문장으로 정리하다"

[DATE] [THEME]		P?	
1P?→			

① 배운 것을 20자 내외의 한 문장으로 정리하는 것이 목적이다.

② P?는 Purpose?(=목적은?)를 줄인 것이다. 오른쪽의 빈칸에 이 프레임
워크를 작성하는 목적을 적는다.

③ 그리고 그 아래의 16칸에 책을 읽거나 세미나를 수강하면서 목적에 부합
하는 키워드를 메모한다. 반드시 16칸을 다 채울 필요는 없다.

20			

④ 1P?는 1Phrase?(=한 문장으로 정리하면)를 줄인 것이다. 오른쪽에 마련된 23개의 빈칸에 주제의 본질을 드러내는 문장을 원고지에 글자를 쓰듯 한 자 한 자 써 넣는다.

3Q 출력 학습법

"남을 이해시킬 만큼 설명하는 능력을 키우다"

[DATE] [THEME]	1P? ↓
Q1? **What?**	3
1	2

① 한 문장으로 정리한 지식을 타인에게 제대로 설명하는 것을 목적으로 한다.

② 1P?(=1Phrase?) 아래 칸에 20자 공부법 프레임워크를 통해 정리한 한 문장이나 이미 깊이 깨닫고 있는 지식이나 신념 등을 적는다.

Q3? **How?**	3
1	2
Q2? **Why?**	3
1	2

③ What?, Why?, How?에 딸린 빈칸에 각각 '무엇을 배웠는가?', '왜 그것
을 공부했는가?', '앞으로 어떻게 활용할 것인가?'라는 물음에 대한 답을
적는다. What, Why, How의 순서는 바뀌어도 상관이 없다.

④ 이렇게 정리함으로써 상대방이 가질 수 있는 의문을 미리 해결해 주는
설명 능력을 키울 수 있다.

한 장 컨트리뷰션 학습법

"배워서 알게 된 것을 일과 돈으로 연결하다"

[DATE] [THEME]	

① 나의 배움과 지식을 타인을 위해 써먹음으로써 일과 돈으로 연결시키는

　것을 목적으로 한다.

② Who?는 '누구를 위해?'이고, P/W?는 Problem/Wish?를 줄인 것으로

　'어떤 사람이 갖고 있는 문제와 바람'을 뜻한다. PQ?는 Purpose(목적)

　와 Question(의문)을 줄인 것으로, 여기에는 목적을 달성하기 위한 질문

　을 적는다. 1P?는 역시 '한 마디로 정리하면?'이라는 뜻이다.

Who?			
P/W?			
PQ?			
1P?			
3Q?	What?	Why?	How?
P1?			
P2?			
P3?			

③ 3Q?에는 3Q 출력 학습법에서 본 것처럼 세 가지 의문에 대한 답을 적
   는데, 주의할 점은 도움을 주고자 하는 사람(Who?)의 입장에서 정리하
   는 것이다.

④ 이 한 장 컨트리뷰션 학습법을 통해 '아는 것'이 '돈'이 되는 체험을 하
   게 될 것이다.

엑셀 1

"프레임워크를 작성하다가 막힐 때 도움이 되는 보조 프레임워크"

[DATE] [THEME]			

20자 공부법 · 3Q 출력 학습법 · 한 장 컨트리뷰션 학습법 프레임워크를 보완하는 기능을 한다. 프레임워크를 작성하는 동안 막히는 부분이 있으면 그 부분만 집중하여 사고 정리를 하도록 돕는다.

황혜숙 _ 옮김

건국대학교 일어교육과와 뉴질랜드 오클랜드 대학 언어학 석사를 취득했으며, 번역 에이전시 엔터스코리아의 출판기획 및 일본어 전문 번역가로 활동하고 있다. 옮긴 책으로 「1년에 1000권 읽는 독서 멘토링」, 「처음부터 말 잘하는 사람은 없다」, 「마음을 울리는 36가지 감동의 기술」, 「콘텐츠의 비밀」, 「엄마라고 불러줘서 고마워」, 「십대 상처받지 않는 연습」 등이 있다.

한 줄 정리의 힘

초판 1쇄 발행 2019년 12월 16일
초판 8쇄 발행 2024년 6월 24일

지은이 아사다 스구루
펴낸이 정덕식, 김재현
펴낸곳 (주)센시오

출판등록 2009년 10월 14일 제300-2009-126호
주소 서울특별시 마포구 성암로 189, 1707-1호
전화 02-734-0981
팩스 02-333-0081
전자우편 sensio@sensiobook.com

기획 · 편집 이미순, 심보경
디자인 Design IF

ISBN 979-11-90356-07-7 03320

이 책은 지작권법에 따라 보호받는 저작물이므로 무단 전재와 복제를 금지하며, 이 책 내용의 전부 또는 일부를 이용하려면 반드시 저작권자와 (주)센시오의 서면동의를 받아야 합니다.

잘못된 책은 구입하신 곳에서 바꾸어드립니다.

소중한 원고를 기다립니다. sensio@sensiobook.com